Karl Ballmer

Anthroposophische Methodik

Sechs Aufsätze aus den Hamburger Jahren

Edition LGC
Siegen / Sancey le Grand
2009

Veröffentlicht aus dem Nachlass Karl Ballmers mit freundlicher Genehmigung des Staatsarchives des Kantons Aargau (Schweiz). Die Herausgabe besorgte Martin Cuno.

Die Verfügungsrechte am schriftlichen Nachlass Karl Ballmers (1891-1958) befinden sich beim Staatsarchiv des Kantons Aargau. Die Edition LGC befasst sich mit Erfassung und verlegerischer Erschließung.

1. Auflage 2009

Herstellung: Books on Demand GmbH, Norderstedt

ISBN 978-3-930964-29-1

Zur Malerei Karl Ballmers (und zu seiner Biographie) siehe die Monographie von Beat Wismer: Karl Ballmer – Der Maler, Baden (Schweiz), Verlag Lars Müller 1990 (herausgegeben vom Aargauer Kunsthaus und von der Karl Ballmer Stiftung).

Weitere Schriften Karl Ballmers erscheinen auch im Verlag Fornasella, CH-6863 Besazio, Tel. 0041-91-6463787

www.edition-lgc.de

Inhalt

Albert Steffen – ein Lehrer der Anthroposophie

Die Frage, was ein Anthroposoph sei, bietet nicht geringere Schwierigkeiten als die Frage, was der Mensch sei. Und wie das Leben nun einmal ist: man *ist* Mensch, bevor man zutiefst weiß, *was* man ist; – und so ist man vorderhand Anthroposoph, ohne voll verantwortlich sein zu können für die anspruchsvollen Offenbarungen des Wesens Anthroposophie.

Anthroposoph sein ist ein Schicksal. Ich bin Anthroposoph, indem ich weiß, dass ein gutes Schicksal mir einen aussichtsreichen Weg eröffnete, auf dem mir das Ziel meiner Menschenbestimmung in der Gestalt des Wesens Anthroposophie vorgegeben ist. Es ist mir in Aussicht gestellt, dass ich mich selbst realisieren werde, wenn ich die Kraft habe, mich selbst aus der Transzendenz eines *Andern Ich* entspringen zu lassen. Nicht das cogito ergo sum macht mich zum Anthroposophen, sondern die Einsicht: ich konstituiere mich als Ich, indem ich das *Andere Ich* erkennend wahrnehme.

Die anthroposophische Bewegung ist eine universelle Menschheitsbewegung und bewegt sich aus der Kraft ihres Bewegers. Nicht wir sind die Beweger. Wir sind die Bewegten. Und wir sind es im eindrucksamen Doppelsinne des deutschen Sprachausdruckes: als Erleidende zugleich und als Handelnde. Unsere innerlichste Bewegtheit als geistige Aktivität erreicht ihr Höchstes, wenn sie dazu kommt, das offenbare und objektive Wesen Anthroposophie als unser transzendentes Ich anzusprechen. Mit solcher Aktivität stehen die Glieder der anthroposophischen Schicksalsgemeinschaft im Genusse des Vorzuges, je Einer am Andern *aufzuwachen* im perspektivischen Blick auf das Ich, das uns vorweg schon aufgewacht ist. Die Wahrheit dieses gegenständlichen Ich, des Wesens Anthroposophie, ist umso gehaltvoller und universeller, je persönlicher es erscheint. Das ist die große Paradoxie der anthroposophischen Offenbarung über das Wesen des Menschen, dass das Universellste zugleich das Individuellste sein muss.

Als Erleidende und Empfangende vernehmen wir, dass die Offenbarung des Wesens Anthroposophie die gegenwärtige Christus-Offenbarung ist. „Das ist die welthistorische Bedeutung der theosophischen Mission: denjenigen Teil der Menschheit vorzubereiten auf die Wiedererscheinung des Christus auf Erden, der sich dazu vorbereiten lassen will." (Zyklus über das Johannes-Evangelium, Hamburg 1908, 12. Vortrag.) „Unsere Zeit braucht in gewisser Beziehung eine neue Verkündigung des Christus-Ereignisses, und diese Verkündigung will die Theosophie sein." (Zyklus über das Johannes-Evangelium, Kassel 1909, 1. Vortrag.) „Von jetzt ab gibt es eine neue Offenbarung des Christus, wir wollen bereit sein sie anzuerkennen, wir wollen zu jenem kleinen Kreis gehören, der dazu helfen will, damit sie größer, dauernd werde, wir wollen auf die innere Kraft einer solchen Offenbarung bauen, so dass sie sich unter der übrigen Menschheit ausbreiten möge, denn diese Erkenntnis wird allmählich allen zuteil werden." (Vortrag zu London, am 2. Mai 1913: Christus zur Zeit des Mysteriums von Golgatha und Christus im 20. Jahrhundert.)

Das Wesen Anthroposophie offenbart sich – äußerlich – in der Äthergestalt eines Engels. Das offenbarende Ich ist nicht diese Engelgestalt. Das offenbarende Ich ist kein bloß genereller Begriff. Der Ich-Name hat hier ganz den Charakter, dass jeder persönliche Einzelne nur sich selbst diesen Namen zulegen kann. Dass der wahre Ich-Name dennoch ein vorgegebenes Objektives anspricht, darin besteht das Mysterium der gegenwärtigen Christusoffenbarung. „So kann das Christus-Bewusstsein mit dem irdischen Bewusstsein in der Menschheit vom 20. Jahrhundert an vereinigt werden, denn das Ersterben des Christus-Bewusstseins in der Engelsphäre im 19. Jahrhundert[1] bedeutet das Auferstehen des *unmittelbaren* Christus-Bewusstseins; d.h. das Leben des Christus wird vom 20. Jahrhundert an immer mehr und mehr in den Seelen der Menschen gefühlt werden als ein *direktes persönliches Erlebnis*." (Vortrag zu London vom 2. Mai 1913, wie oben.)

Mein Schicksalsweg als Anthroposoph ist zugleich ein Weg des Gerichtes. Ich erleide am Welt-Wesen Anthroposophie die Korrektur meines persönlichen Schicksals, die Korrektur meiner subjektiven Irrtümer. Aber dieses Leid muss ich mir selbst zufügen. So gewiss der anthroposophische Erkenntnisweg kein Weg der Selbsterlösung ist, so gewiss muss ich mir dennoch die leidvollen Korrekturen selbst zufügen. Kein äußerer Weltenrichter kann mir dieses peinliche Amt abnehmen. Der Richter und „Herr des Karma" [2] richtet in mir selbst, wenn ich entschlossen bin, durch das Wesen, welches die äußere Form des Christus ist, mein aus der Transzendenz entspringendes *eigentliches* Ich zu suchen.

1 Im gleichen Vortrage: „Zweimal schon ist der Christus gekreuzigt worden; das eine Mal physisch in der physischen Welt im Anfange unseres Zeitalters und ein zweites Mal im 19. Jahrhundert, spirituell...". Das Engelwesen, welches seit dem Mysterium des Todes auf Golgatha die „äußere Form" war, durch die Christus weiterhin sich rein geistig offenbarte, „erlitt im Laufe des 19. Jahrhunderts ein Auslöschen des Bewusstseins, als das Resultat der entgegengesetzten materialistischen Kräfte, die in die geistigen Welten heraufgekommen waren, als das Ergebnis der materialistischen Menschen-Seelen, die durch die Pforte des Todes gingen."
Zum Begriff des „Christus-Bewusstseins" vgl. meine Schrift „Deutschtum und Christentum in der Theosophie des Goetheanismus".

2 Zum Begriff des „Herr des Karma" vergl. den Zyklus „Von Jesus zu Christus", Karlsruhe 1911, 3. Vortrag.

Diese Vorstellung vom Wesen Anthroposophie kann dazu dienen, gewisse Vordergrundserscheinungen des anthroposophischen Lebens im rechten Lichte zu sehen. Die anthroposophische Bewegung ist eine universelle Welt-Bewegung und Menschheits-Bewegung. Sie bewegt sich aus der Kraft und Vollmacht ihres Bewegers. Ihr Karma ist Welt-Karma. Es ist also nicht nötig, die *persönlichen* Schicksale der gegenwärtig maßgebenden Träger der Anthroposophischen Gesellschaft mit dem Welt-Karma der anthroposophischen Menschheitsbewegung zu identifizieren oder zu verwechseln. Darüber hat sich Rudolf Steiner deutlich ausgesprochen:

> „Die Anthroposophie ist unabhängig von jeder anthroposophischen Gesellschaft und kann unabhängig von einer solchen gefunden werden." (Vorträge zur Delegiertenversammlung in Stuttgart 1923).

Es wird immer wieder vorkommen, dass Einzelne ihre subjektiven Fähigkeiten oder auch ihre subjektiven Nöte mit dem objektiven Welt-Wesen Anthroposophie verwechseln. Derlei machte sich auch auf der Delegiertenversammlung zu Stuttgart im Jahre 1923 geltend. Aber Rudolf Steiner hatte dazu das folgende zu sagen: „Deshalb ... möchte ich ein Wort richtig stellen, das gestern von diesem Podium aus gesprochen worden ist, und an dem ich ... Anstoß nehmen musste. Es wurde gesagt, man sei sich nicht bewusst – so ähnlich –, dass durch die Gegner die anthroposophische Bewegung zerstört werden könne. *Das kann sie nicht! Durch die Gegner kann die größte Gefahr erwachsen der Anthroposophischen Gesellschaft, meinetwegen mir selbst persönlich usw. Aber der anthroposophischen Bewegung, der wird kein Leid geschehen können, die kann höchstens aufgehalten werden durch die Gegner.*"

Nun hat allerdings das Jahr 1923, nachdem im Sommer die Delegiertenversammlung der Anthroposophischen Gesellschaft in Stuttgart getagt hatte, die *Weihnachtstagung* gebracht, den einschneidensten und schwerwiegenden Grundakt des Karma der anthroposophischen Bewegung. Auf der feierlichen „Grundsteinlegung" des Wesens Anthroposophie in den Herzen der Anthroposophen auf der Weihnachtstagung zu Dornach im Jahre 1923 identifizierte Rudolf Steiner die anthroposophische Bewegung mit der weltweiten Allgemeinen Anthroposophischen Gesellschaft, indem er sich selbst als Leiter der brüchig gewordenen Anthroposophischen Gesellschaft den dankbar ergriffenen Anthroposophen fortan zur Verfügung stellte. Aus Notwendigkeiten des Karma berief er fünf Persönlichkeiten als Mitarbeiter bei der initiativen Führung und Leitung der neufundierten Allgemeinen Gesellschaft der Anthroposophen in der ganzen Welt. Es kann kein Zufall sein, dass diese fünf Persönlichkeiten die denkbar größten Gegensätze des Anthroposoph-seins repräsentieren. Es darf angenommen werden, dass die Zusammenballung dieser strengen Gegensätze eine aus den Notwendigkeiten des Karma bewusst gewollte war. Die Aufrechterhaltung der Willenseinheit unter diesen fünf Persönlichkeiten war die schwerste und verantwortungsreichste Aufgabe, die nur gelingen konnte durch das Opfer jeder Form der subjektiven Willkür. Ob der Imperativ dieser dauernden Einheit begriffen wurde, davon musste die künftige Gestaltung der anthroposophischen Bewegung in ihrem Tätigsein nach der Welt hin entscheidend abhängen. Nachdem das nicht zu revidierende Unglück eingetreten ist, dass die Willenseinheit im esoterischen Initiativ-Vorstand nach dem Weggange Rudolf Steiners vom physischen Plan nicht durchgehalten wurde, nachdem sogar aus dem Fünfervorstand zwei Persönlichkeiten durch eine Generalversammlung regelrecht *weggewählt* (horribile dictu!) worden sind (1935), scheint es das dringliche Gebot der Stunde, die persönlichen Schicksale der Mitglieder des Vorstandes streng zu unterscheiden von dem

Karma des Welt-Wesens Anthroposophie. Es ist also keineswegs notwendig, dass sich eine Gruppe von Mitgliedern vortäuscht, ihre allerpersönlichsten Angelegenheiten wären identisch mit dem Wesen und Schicksal der Anthroposophie selbst. Von dieser Anthroposophie gilt nach dem Versagen des von Rudolf Steiner berufenen Initiativ-Vorstandes in gewissem Sinne erneut, was Rudolf Steiner unmittelbar vor der Weihnachtstagung mit aller Eindeutigkeit feststellen musste:

> „Die Anthroposophie ist unabhängig von jeder anthroposophischen Gesellschaft und kann unabhängig von einer solchen gefunden werden."

Das schließt nicht aus, dass die Anthroposophische Gesellschaft, die heute geistig nicht in der Lage ist, sich den Namen „Allgemeine" zuzulegen, erneut dem Ideal nachlebt, die anthroposophische Bewegung und die anthroposophische Gesellschaft zur Einheit werden zu lassen in einer weltweiten Allgemeinen Anthroposophischen Gesellschaft.

Es ist heute berechtigt, nach den Gründen des Versagens der Persönlichkeiten des Vorstandes zu fragen. Doch wird die Aufdeckung von solchen Gründen nur dann eine geistig legitime sein, wenn sie einen Beitrag zur Erkenntnis des Wesens Anthroposophie enthält. Die Anthroposophische Gesellschaft ist eine durch gleichgerichtetes Schicksal verbundene *Erkenntnis*-Gemeinschaft. Sie unterscheidet sich dadurch von andern traditionellen Formen der Gesellschaftsbildung, die auf *Glaubens*verhältnisse abstellen. Ein bedeutender politischer Führer konnte kürzlich einen vollkommen objektiven Tatbestand mit den Worten an seine Gefolgschaft aussprechen: „Mein Wille ist euer Glaube." Der entsprechende Satz eines Führers der Anthroposophen würde lauten: „In meiner Selbst*erkenntnis* ist das Objekt meiner Handlung euer nach Erkenntnis des Menschen ringendes Ich." Das schmerzvolle Risiko solcher Handlungsart trug der Lehrer und Führer Rudolf Steiner. An diesem Ideal hat sich eine Kritik der Führungsansprüche gegenwärtiger Verantwortlicher der Anthroposophischen Gesellschaft auszurichten. Nur indem sie das vermag, wird sie produktive Kritik sein.

Auf der Gründungsversammlung der Allgemeinen Anthroposophischen Gesellschaft im Rahmen der Weihnachtstagung charakterisierte Rudolf Steiner die fünf von ihm in den esoterischen Initiativ-Vorstand berufenen Persönlichkeiten. Über *Albert Steffen* sprach er – im Vortrag vom 24. Dezember – u.a. das folgende: „Albert Steffen ist schon Anthroposoph gewesen, bevor er geboren worden ist; das muss man ihm anerkennen." Wer auch nur ein Weniges von der Arbeitsmethode Rudolf Steiners begriffen hat, der weiß, dass eine solche Äußerung streng begrifflich exakt aufzufassen ist. Ich werde zu zeigen versuchen, was das paradoxe Aperçu nach solcher Auffassung besagen kann. Vorerst halte ich neben die Bemerkung über Steffen eine Äußerung Rudolf Steiners über das Anthroposoph-sein einer andern Persönlichkeit. Auch diese Äußerung – sie betrifft den großen Naturforscher Ernst Haeckel – enthält in gewissem Sinne eine Paradoxie; sie ist enthalten in Rudolf Steiners Schriftchen „Reinkarnation und Karma vom Standpunkt der modernen Naturwissenschaft notwendige Vorstellungen". Nachdem in diesem Schriftchen die heute von keinem Naturforscher angezweifelte Wahrheit unterstrichen worden ist, dass Lebendiges niemals aus toter Materie entsteht, sondern aus Lebendigem, fordert Rudolf Steiner den modernen Naturgelehrten zu der gedanklichen Konsequenz und Anerkenntnis auf, dass Seelisches ebenfalls nur aus Seelischem entstehen kann und nur dadurch erklärbar wird. Auf diesem Axiom gründet die Notwendigkeit der Wiederverkörperung als einer von der modernen Naturwissenschaft geforderten Vorstellung. Und nun sagt Dr. Steiner:

„Haeckel hat es im Gebiete des tierischen Lebens nur deshalb zu so schönen Ergebnissen gebracht, weil er die Gesetze, welche die Seelenforscher seit langem auf die Seele anwenden, nun auch auf die Entwickelung des tierischen Lebens anwandte. Wenn er selbst nicht diese Überzeugung hat, so tut das nichts; er kennt eben die Seelengesetze nicht und weiß auch nichts von den Forschungen, die man auf dem Felde der Seele anstellen kann. Die Bedeutung seiner Ergebnisse auf *seinem* Gebiete wird dadurch nicht geringer. Große Männer haben die Fehler ihrer Tugenden. Unsere Aufgabe ist zu zeigen, dass Haeckel da, wo er zu Hause ist, nichts anderes ist als *Anthroposoph*." In der Parallelisierung dieser beiden Äußerungen Rudolf Steiners – über Albert Steffen und über Ernst Haeckel – hat man einen Beleg dafür, wie weiträumig für Rudolf Steiner der Begriff des Anthroposophischen ist. Es lässt sich kaum ein größerer menschlicher Gegensatz denken als der zwischen dem Forschertemperament Haeckels und dem Grundmotiv des Dichtens und Trachtens Albert Steffens: dem Fragen nach dem Wesen des Bösen. Es ist mir kein dichterischer Hymnus Steffens auf Haeckel bekannt, und der „Materialismus" Haeckels steht für Steffen vermutlich ganz eindeutig auf der Seite des „Bösen". Aber der überlegene Geist Rudolf Steiners kann es sich gestatten, einmal Haeckel und einmal Steffen einen Anthroposophen zu nennen – und beidemale widerfährt dem Wesen der Beurteilten die höchste Gerechtigkeit. Denn ein *gerechtes* Urteil ist, wenn Rudolf Steiner Steffen zuerkennt, dass er Anthroposoph war vor seiner Geburt.

Inwiefern ist das Urteil über Steffen gerecht? Man wolle die folgende Überlegung mitmachen. Das recht verstandene Anthroposoph-sein ist keine Angelegenheit theoretischer Stellungnahme, sondern eine Entscheidung über den Schicksalsweg der unsterblichen Entelechie eines Menschen. Der Menschenerkenntnis Rudolf Steiners kann die übersinnlich-ewige menschliche Entelechie zum Forschungsobjekte werden. Wenn Rudolf Steiner sagt, Steffen sei Anthroposoph gewesen vor seiner Geburt, so heißt das streng exakt, dass er die vorgeburtliche Entelechie in ihrer vorgeburtlichen Schicksalsentscheidung beobachtet. Eine solche Entscheidung ist die Folge der aufgespeicherten Lebensfrüchte aus vorhergegangenen Inkarnationen. Sie erfolgt aus einem Bewusstsein, das man vom Irdischen aus gesehen nur als Unbewusstes bezeichnen kann. Die Tat einer solchen Entscheidung entbehrt also der Teilnahme dessen, was für den modernen Menschen das allerwesentlichste sein muss: sie entbehrt des Bewusstseins.[3] Ihre objektive Bedeutung wird dadurch nicht geschmälert.

Diejenigen sind im Unrecht, die annehmen, die Gerechtigkeit des Urteils Rudolf Steiners über Steffen bestehe darin, dass Dr. Steiner ganz einfach habe sagen wollen: Steffen ist seiner karmischen Möglichkeit nach ein Anthroposoph, aber er hat erst noch den Beweis zu erbringen, dass sein gegenwärtiges *Bewusstsein* diese Möglichkeit zu realisieren vermag, d.h. dass er ein verantwortlicher Geistes-*Wissenschafter* ist. Es ist unzulässig, in den positiven Sinn des Urteils Rudolf Steiners etwas hineinzuinterpretieren, was nicht darin enthalten ist. Manche gehen noch weiter und zeihen Steffen der vollkommenen Ahnungslosigkeit in bezug auf die Mission einer gegenwärtigen

3 Für solche, denen eine „Entscheidung" *ohne Bewusstsein* eine erkenntnistheoretische Schwierigkeit bereitet, sei bemerkt, dass Anthroposophie, indem sie ihr Weltverständnis aus der Einheit des Christus-Bewusstseins begründet, mit einem stellvertretenden Bewusstsein hierarchischer Geistwesen rechnen kann. Die Weisheit des Christusgeistes wirkt z.B. beim Aufbau des menschlichen Leibes; im bewussten Denken eines durchschnittlichen Bewohners dieses Leibes ist sie verdeckt. Die Weisheit der Schicksalsführung zwischen Tod und Geburt entspricht dem Bewusstsein von hierarchischen Wesenheiten, die als Geschöpfe des Christusbewusstseins wirken.

Wissenschaft vom Christus-Wesen. Sie sprechen den Leistungen Steffens jede Bedeutung ab in Ansehung der zentralen anthroposophischen Aufgabe, vor der Zeit und Welt die Verantwortung zu übernehmen für die *wissenschaftliche* Form des Geistverständnisses. Solches Urteil richtet sich indessen auf Steffen, sofern er als *Lehrer der Anthroposophie* auftritt oder gesehen wird. Das Urteil Rudolf Steiners betrifft aber den *Dichter* Steffen. Und es ist allerdings möglich, Anschauungen darüber zu haben, dass in der Dichtung Albert Steffens reiner und echter eine Entelechie sich offenbart als bei der Vielzahl seiner dichtenden Zeitgenossen. Hat man Empfindung für diese entelechische Wirksamkeit, dann muss man es zugleich als tief sinnvoll empfinden, dass das heimliche Anthroposophentum der Steffenschen Entelechie die anthroposophische Bewegung als den ihr gemäßen Wirkensort erwählte. Dies scheint mir der gerechte Sinn des Urteils Rudolf Steiners über Steffen zu sein.

Einen völlig andern Sinn hat das Urteil Rudolf Steiners über den „Anthroposophen" Haeckel. Dieser bedeutende Geist ist das Risiko eingegangen, aus der Eigenkraft einer starken Seele zu wissenden Entscheidungen über die umfassendsten Gesetze des Lebens der Natur vorzustoßen. Er ist bei dieser Aufgabe gescheitert, aber er hat Teilresultate zutage gefördert, die von Rudolf Steiner deswegen als „anthroposophisch" anerkannt werden können, weil Anthroposophie nicht nur die Offenbarung des Wesens des Menschen ist, sondern das Ende eines langen Entwicklungs-*Weges*, auf dem die wissenschaftliche Arbeit der letzten Jahrhunderte und der Gegenwart auch dann notwendig sich abspielt, wenn das Bewusstsein der Wissenschafter dies nicht zu durchschauen vermag. Unter der Voraussetzung, dass Anthroposophie *auch* ein Erkenntnis-*Weg* ist (außer dass sie die gegenwärtige Christus-Offenbarung ist), wird das Urteil Rudolf Steiners, Haeckel sei in bestimmtem Sinne Anthroposoph, als ein sinnvolles Urteil verständlich.

Das Anthroposoph-sein bedeutet eben vor den Kriterien Rudolf Steiners alles andere als ein Bekenntnis dieses oder jenes Menschen zur Anthroposophie, bedeutet vielmehr die Gewahrung und Respektierung konkret-individuellen geistigen Lebens. Bekenntnisse (und erst der Streit um Bekenntnisse!) sind stets der Ausdruck einer Erstarrung des geistigen Lebens.

Ein Urteil wie dasjenige Rudolf Steiners über Steffen enthält ein ganzes Kapitel Anthroposophie. Man muss es nur nicht als nacktes Werturteil verstehen wollen, sondern als Charakteristik. Dann kann es das anthroposophische Wirken Albert Steffens beleuchten.

Ich lese Steffens prächtigen Aufsatz „Erlebnisse während der Gründungsversammlung der Allgemeinen Anthroposophischen Gesellschaft“ (Das Goetheanum, 3. Jahrgang, Nr. 22, 6. Januar 1924) und empfinde: Hier ist Einer frei von der Scheu, die auf uns lastet. Hier spricht Einer, der wie von Karma geformt scheint, sprechender Zeuge des weltbedeutsamen Ereignisses der Weihnachtstagung zu sein. Um so zu fühlen wie in den Gedanken dieses Aufsatzes muss Steffen Schweizer sein. Karma hat dem Goetheanum und dem Schauplatz der Weihnachtstagung den Boden der Schweiz auserwählt, jenes Stückchen Welt im Herzen des „Abendlandes“, auf dem sich Menschen als *Menschen* begegnen dürfen – nicht trotzdem, sondern gerade weil sie verschiedenen Nationalitäten angehören. Das Nationale wird als Bereicherung des Menschlichen empfunden. Steffen spricht als gastfreudiger Schweizer vom Zusammenfinden von englischen, deutschen, französischen, italienischen Menschen auf dem Boden seiner Heimat. Er berichtet von den neun Vorträgen Rudolf Steiners über das tiefere Wesen der Weltgeschichte „als Grundlage des Menschengeistes“. Durch Steffens Bericht hindurch blicken wir auf die anthroposophische Wahrheit: Nicht die Geschichte treibt den Menschen und die menschliche Kultur hervor, sondern auf dem Wege seiner Menschwerdung hat der makrokosmische Übersinnliche Mensch die Weltgeschichte zur „Grundlage des Menschengeistes". Nicht ein Reporter berichtet, sondern Albert Steffen. Man glaubt zu empfinden: hier wird das Geschehen der Weihnachtstagung ausgesprochen als etwas, was von kommenden Jahrhunderten als *wirkliche* Geschichte begriffen werden wird. Nicht irgendeiner, sondern der *Dichter* Albert Steffen konnte, das Geschehen zusammenfassend, schreiben: „Da sprach ein Vollmensch. Niemand kam auf den Gedanken, zu fragen, ist er jung oder alt, denn er war vom unvergänglichen Geiste getragen. Eine Persönlichkeit stand da, die selber Geschichte gestaltet, ein Gestalter und Umgestalter der Gegenwart, ein Zukünftiger. Wer ihn vor sich sah, der schätzte sich glücklich, dass er dabei sein konnte, der sagte sich: Könnten doch einen kurzen Augenblick alle Menschen durch meine Augen sehen und durch meine Ohren hören, dürften sie, wie ich, die unerschöpflichen Geistesgeschenke empfangen."

Rudolf Steiners Aperçu vom vorgeburtlichen Anthroposophentum Albert Steffens kann eine Reminiszenz wachrufen. Ich denke an die These der frühesten kirchlichen Apologetik: die menschliche Seele sei Christin von Natur. Diese Lehre des afrikanischen Römers und Kirchenvaters *Tertullian* von der anima naturaliter christiana war von bedeutendem Einfluss auf die Ausbildung der katholisch-kirchlichen Psychologie. Bei Tertullian selbst hat die Lehre einen polemischen Akzent; sie richtet sich gegen die wissenschaftlich Gebildeten unter den Verächtern des Christenglaubens. In Bildung, Philosophie, Wissenschaft und Kunst sah Tertullian die Gefahr der Verfälschung des Natürlichen und Ursprünglichen. Er bekämpft den Gnostizismus und will sich lieber auf die unwillkürliche

Äußerung des Unmittelbaren, auf die Stimme Gottes im Naturhaften stützen, um die christliche Wahrheit gegen die Vielgötterei der römischen Verfallswelt zu verteidigen. Er beruft sich gegen die Heiden auf die aller Bildung vorausgehende, einfache, ungebildete und unwissende Seele, deren unwillkürliche Äußerungen im gewöhnlichen Leben ein Zeugnis für den Einen Gott, eine Bestätigung der christlichen Wahrheit gegen den Polytheismus seien. Die gesunde menschliche Seele sei Christin von Natur aus. In der katholischen Theologie ist der Stimmungsgehalt dieser polemischen Lehre bis auf den heutigen Tag wirksam. Die katholische Theologie verteidigt bekanntlich – im Gegensatz zum Protestantismus – die menschliche Möglichkeit einer Erkenntnis des Göttlichen in der Natur (theologia naturalis). Anthroposophie kann diesen Anspruch nur als sehr bedingte und relative Wahrheit anerkennen. Der Mensch ist ja kein dauernd sich gleich bleibendes Wesen. Er ist seinem Bewusstsein nach ein sich entwickelndes Wesen, und sein fortschreitendes Bewusstsein, an dem die Individualitäten in ihren aufeinanderfolgenden Verkörperungen teilnehmen, wirkt dauernd umbildend bis in die leibliche Konstitution hinein. Der gegenwärtige Mensch ist ein anderer als der Grieche oder der Römer. Der Begriff des Natürlichen ist entsprechend für uns ein anderer als für Tertullian. Indem wir nach dem Göttlichen in der Natur fragen, fragen wir aus den Bedingungen einer fortgeschrittenen Bewusstseinsentwicklung. Anthroposophie wird nicht der katholischen, sondern der reformiert-protestantischen Theologie recht geben, die von einer Erkenntnis Gottes „in“ der Natur nichts wissen will. Mit einem Vorbehalt allerdings: Der Verzicht des Protestantismus ist die negative Folge eines extremen „Glaubens“-Standpunktes. Der Standort der Anthroposophie bedeutet nicht einen Verzicht, sondern ist der Ausdruck der rechten anthroposophischen Methode. Wir wissen die Methode der Anthroposophie als die gegenwärtige Aktualisierung des Christus-Bewusstseins. In Rudolf Steiners Buche „Die Mystik im Aufgange des neuzeitlichen Geisteslebens und ihr Verhältnis zur modernen Weltanschauung" äußert sich das Christus-Bewusstsein in der folgenden Weise: „Ich empfinde ein Höheres, Herrlicheres, wenn ich die *Offenbarungen* der 'Natürlichen Schöpfungsgeschichte' [gemeint ist das Buch Haeckels] auf mich wirken lasse, als wenn die übernatürlichen Wundergeschichten der Glaubensbekenntnisse auf mich eindringen. Ich kenne in keinem 'heiligen' Buche etwas, das so Erhabenes mir enthüllt, wie die 'nüchterne' Tatsache, dass jeder Menschenkeim im Mutterleibe aufeinanderfolgend in Kürze diejenigen Tierformen wiederholt, die seine tierischen Vorfahren durchgemacht haben." (S. 120)

Das Christus-Bewusstsein bejaht also die reelle Entwicklung des Menschengeistes, bejaht die Errungenschaften der modernen Naturerkenntnis. „Ich habe in meiner 'Philosophie der Freiheit' meine Weltanschauung beschrieben, die den Geist nicht zu vertreiben glaubt, weil sie die Natur so ansieht, wie sie Darwin und Haeckel ansehen." (A.a.O., S. 120) Worin aber gelangten Darwin und Haeckel über die Anschauungen einer älteren Naturphilosophie und insbesondere über alle theologia naturalis hinaus? Haeckel kann nicht zugeben, dass die Natur dadurch verständlich werde, dass man ein vernünftiges (außermenschliches) Bewusstsein in die Naturvorgänge als deren Essenz hineinprojiziert. Mit Haeckel stimmt Rudolf Steiner darin überein, dass ein vernünftiges Bewusstsein nur in seiner Seelenform im Menschen anzuerkennen ist. „In der Form der Seele ist der Geist *nur* im Menschen vorhanden. Und es heißt den Geist missverstehen, es heißt, die schlimmste Sünde wider den Geist begehen, wenn man den Geist in Seelenform anderswo als im Menschen sucht." (A.a.O., S. 110) Der oberflächlich Urteilende könnte sich durch diesen Satz zu der Annahme verleiten lassen, er bringe den Anthroposophen in Verlegenheit, der doch die Welt als eine Summe menschlicher und *nicht*-menschlicher Wesenheiten von verschieden graduiertem Bewusstsein versteht. Der Anthroposoph, sofern er selbst nicht oberflächlich ist, kommt aber durch die Aussage der „Mystik" keineswegs in Verlegenheit. Es handelt sich um das folgende. Wenn das Christus-Bewusstsein des Buches „Mystik" vom „Menschen" spricht, so spricht es vom realisierten Übersinnlichen Menschen. Dieser, als der Inbegriff des geistigen Weltinhaltes, ist „Geist" nicht im Sinne der landläufigen philosophischen Abstraktion, sondern ist – um theologisch zu sprechen – derjenige Geist, den die Bekenntnisse als die dritte Person der Heiligen Trinität verehren. Anthroposophie gewahrt nur anstelle der theologischen Abstraktion „heiliger Geist" einen konkreten makrokosmischen Übersinnlichen Geistes-*Menschen* und der Gesamtgehalt des Weltbildes der Anthroposophie ist kein anderer als die Beschreibung der Menschwerdung des heiligen Geistes. Unter diesem Blickpunkt müssen die Aussagen des Buches „Mystik" gewertet werden. „Ich suche keinen Gottesgeist in der Natur, weil ich das Wesen des Menschengeistes in mir zu vernehmen glaube." (A.a.O., S. 120) Indem das Christus-Bewusstsein diese Aussage macht, begründet es die Möglichkeit der Anthroposophie. Deren Methode besteht darin, dass sie dem realisierten Übersinnlichen Menschen die Verantwortungsfähigkeit zuerkennt für den Geist der Natur. Anthroposophie tritt damit die Verantwortung an, die von den Bekenntnissen einem außermenschlichen Gotte aufgebürdet wurde. Im Christus-Bewusstsein „ist" der Geist der Natur nicht nur, sondern er kommt sich selbst zur Erscheinung. Noch Hegel frug nach dem „was ist"; Anthroposophie aber gewahrt das Was des „Seins" als den konkreten Übersinnlichen Menschen und erfährt diesen nicht bloß als Sein, sondern beobachtet seine (übersinnliche) *Erscheinung*.

Erkenntnistheoretisch ist es eine Frage der Darstellungsart und Darstellungs-*Kunst*, ob Rudolf Steiner die Position einer exklusiven philosophischen Esoterik einhält, oder ob er „für alle Menschen" vom Wesen des Geistes des Übersinnlichen Menschen in der Form der Anthroposophie zeugt. Kein Zweifel, dass die Form der Geistoffenbarung der Anthroposophie zutiefst keine Frage der Darstellungsart, sondern eine prinzipielle Frage des geistigen Schicksals der gegenwärtigen Menschheit ist. Dem modernen Menschen, der die Denkformen der modernen Wissenschaftlichkeit immer mehr in die Substanz seines geistigen Seins aufgenommen hat, wird sein Verhältnis zum Geiste zerstört, wenn ihm dieser Geist nicht in einer Gestalt entgegentritt, die der *Intelligenz* des modernen Menschen entspricht. Indem die anthroposophische Erkenntnis und Darstellung der Menschwerdung des heiligen Geistes die Verantwortung antritt für die Kontinuität des Christentums, kann sie der reaktionären katholischen Lehre von der Erkennbarkeit des Gottesgeistes in der Natur (theologia naturalis) ein bedingtes und relatives Recht zugestehen. Sie kann die historische Lehre Tertullians von der Menschenseele als natürlicher Christin bejahen, weil sie den Naturprozess und Weltprozess erkennt als die Grundlage der Menschwerdung des Geistes, als die Grundlage des Herabstieges des göttlichen Urwesens in die Erdenwelt, um den Prozess der Vergeistigung unseres Planeten einzuleiten. An diesem Geschehen als natürlichem und geistigem nehmen die Menschen in ihren aufeinanderfolgenden Verkörperungen und Entkörperungen teil. Ihr natürliches wie ihr geistiges Sein entspringt dem Übersinnlichen Menschen: Christus.

Unter den Bedingungen der Gegenwart und aus der Vollmacht der Verantwortungen der Anthroposophie entspricht heute dem Gedanken Tertullians von der anima naturaliter christiana der Gedanke vom vorgeburtlichen Anthroposoph-sein der menschlichen Entelechie. Deswegen ist es Sünde wider den Geist der Zeit, wenn eine gegenwärtige christliche Apologetik das Bild des Menschen auf dem Grunde der Lehre Tertullians glaubt zeichnen zu sollen. Das ist ja nur möglich unter der Voraussetzung, dass der Mensch nicht im Flusse einer Entwicklung lebt, dass der Mensch ein ewig sich gleich bleibendes Wesen sei. Auf dieser illusionären Behauptung baut ein glänzender Schriftsteller und bedeutender Repräsentant katholischer Geistigkeit, Theodor Haecker, eine umfassende Kritik der Gegenwart auf. Haeckers Buch „Vergil, Vater des Abendlandes“ ist eine Apologie der Lehre Tertullians am Beispiel des heidnischen „Adventisten“ Vergil. Haecker ist überzeugt, dass der Mensch ein ewig unveränderliches Wesen sei. Wenn Haecker „Vergil“ sagt und die Gegenwart meint, dann frönt er einem hoffnungslosen *Historismus*. Der Historismus ist eine Landplage in den platten Ebenen der modernen Bildung. Der Historismus ist diejenige Erklärungsart, die in bezug auf die Gegenwart etwas getan zu haben glaubt, indem sie uns ins historische Museum führt. Die dogmatischen Bekenntnisse der Kirchen kultivieren den Historismus. Ob Haecker an Vergil oder ob Steffen an Manes für den Geist der Gegenwart glaubt zeugen zu können, es bleibt immer dieselbe Unzulänglichkeit: sowohl die Gegenwart wie die Vergangenheit kommen zu kurz. Die anthroposophische Methode überwindet den Historismus. Anthroposophie lässt umgekehrt Altvergangenes im gegenwärtigen Christus-Bewusstsein zum neu-alten Sinn auferstehen. Was wäre heute die Bibel ohne das Licht, das durch Anthroposophie auf sie fällt. Rudolf Steiner, der Erbauer des Goetheanum, berief sich auf Goethe. Aber wie? In einem Dornacher Vortrage berief sich Steiner auf Goethe als auf denjenigen, der er im jetzigen Momente ist, auf Goethe als Inspirationszentrum der geistigen Welt. Dieser lebendige Goethe ist durch Anthroposophie etwas *geworden*, das man im „historischen“ Goethe vergeblich suchen wird. Unsere Väter stehen nicht im historischen Museum, sondern stehen mitten in den Taten der gegenwärtigen Geschichte.

Man präsentiert uns Vergil als Vater des Abendlandes. Aber Vergil ist so wenig der Vater des Abendlandes wie Judas der Vater des Christentums ist. Ein Geist wie derjenige Vergils, des Zeitgenossen des Umbruchs der Welt in der Ankunft des Christus, der das Heil der Welt noch immer im „goldenen Zeitalter“ der Vergangenheit sucht, ist ein fragwürdiger Adventist, scheint viel weniger zum Vater des Abendlandes des fortschreitenden Christentums prädestiniert als dazu, einmal ein Hort der Inspiration retrograder Entwicklungstendenzen zu werden. Dass das christliche Mittelalter einen Vergil-Mythos geschaffen hat, das hat mit Vergil weniger zu tun als mit bestimmten Bedürfnissen und Zwangsläufigkeiten des abendländischen Christengeistes, dem lange Zeit die Sehnsucht nach der vorchristlichen Antike nur durch die Vermittlung der *römischen* Bildung befriedigt wurde. Man hat in die berühmte 4. Ekloge die Vorverkündigung des Christusereignisses hineininterpretiert, aber eine unvoreingenommene Beurteilung kann dort nur die Sehnsucht nach einem ländlichen Idyll ausgedrückt finden. Die Vergil-Verehrung ist der Prototyp „christlicher“ Zweideutigkeit. Will eine gegenwärtige Esoterik etwas Wirksames gegen die römischen Missformen des Christentums tun, dann wird sie, so gewiss sie nicht gegen äußere Institutionen ankämpfen wird, mit Bedacht den Vergil-Mythos einer aufklärenden Kritik unterziehen. Der geschulte Okkultist wird sogar die Frage nach dem Weiterwirken der Entelechie Vergils in Betracht ziehen dürfen. Man kann damit rechnen, dass es keine „natürlicheren“ Widersacher der Anthroposophie geben kann als die gegenwärtigen Verehrer Vergils und als insbesondere diejenigen, die das alt und schwach gewordene exoterische Christentum der Bekenntnisse an dem Heiden Vergil erneuern wollen. Vergil ist der vollendete Ausdruck der vorchristlichen Geistesstimmung, die das Vollkommene in der Vorzeit, im goldenen Zeitalter, erträumt. Anthroposophie lenkt den mutigen Blick in die Zukunft.

Irgendwo in der Nähe des Eingangs zum Goetheanum, der Freien Hochschule für Geisteswissenschaft, könnten gern die Worte stehen, die Rudolf Steiner in seinem Buche „Mein Lebensgang" niedergeschrieben hat: „Goethe ist eine Höhe, aber auf derselben nicht ein Anfang, sondern ein Ende. Er zieht die Folgen aus einer Entwicklung, die bis zu ihm geht, in ihm ihre vollste Ausgestaltung findet, die aber nicht weiter fortgesetzt werden kann, ohne zu viel ursprünglicheren Quellen des geistigen Erlebens zu gehen, als sie in dieser Entwicklung enthalten sind." (S. 126) Rudolf Steiner betrachtet am gleichen Orte (S. 123f.) das Verhältnis zwischen Schiller und Goethe. Von Schillers Versuch der Lösung des Menschenrätsels in seinen „Briefen über die ästhetische Erziehung" hatte Goethe die Empfindung, der Mensch, der nach seinem wahren Wesen sucht, müsse verarmen, wenn man gegen das von Schiller wahrgenommene Rätsel der Seele mit philosophischen Begriffen vorgeht. Demgegenüber weisen die Goetheschen Bilder im „Rätselmärchen" von der „schönen Lilie" zurück „auf Imaginationen, die von Suchern nach dem Geist-Erleben der Seele öfters *vor* Goethe hingestellt worden sind. Die drei Könige des Märchens findet man in einiger Ähnlichkeit in der 'chymischen Hochzeit des Christian Rosenkreutz'. Andere Gestalten sind Wieder-Erscheinungen von früher in Bildern des Erkenntnisweges Aufgetretenem. Bei Goethe erscheinen diese Bilder nur in schöner, edler, künstlerischer Phantasie-Form, während sie vorher doch einen mehr unkünstlerischen Charakter tragen. Goethe hat in diesem Märchen, in dieser Phantasieschöpfung nahe an die Grenze herangeführt, an der sie in den inneren Seelenvorgang übergeht, der ein erkennendes Erleben der wirklichen geistigen Welt ist." Rudolf Steiner berichtet nun von einer „ernsthaften Schwierigkeit" seines Entwicklungsganges. Er war zur Zeit der Abfassung der Einleitungen zu Goethes Naturwissenschaftlichen Werken zu einer innigen Beschäftigung mit Goethes „Märchen" gelangt. „Für meine Arbeiten, die sich an Goethe anlehnten, konnte ich aber gerade durch das Märchen nicht viel gewinnen. Denn es erschien mir so, als ob Goethe in der Abfassung dieser Dichtung, wie durch die innere Macht eines halb unbewussten Seelenlebens getrieben, über sich selbst in seiner Weltanschauung hinausgewachsen wäre. Und so erstand mir eine ernsthafte Schwierigkeit. Ich konnte meine Goethe-Interpretation für Kürschners 'Deutsche Nationalliteratur' nur in dem Stile fortsetzen, in dem ich sie begonnen hatte, genügte mir aber dann damit selber nicht. Denn ich sagte mir, Goethe habe, während er an dem 'Märchen' schrieb, wie von der Grenze der geistigen Welt in diese hinübergesehen. Was er aber dann noch über die Naturvorgänge schrieb, das lässt doch wieder den Einblick unbeachtet. Man kann ihn deshalb nicht von diesem Einblick aus interpretieren. Aber, wenn ich zunächst auch für meine Goethe-Schriften durch das Versenken in das Märchen nichts gewann, so ging doch eine Fülle von Seelenanregungen davon aus. Mir wurde, was sich an Seeleninhalt in Anlehnung an das Märchen ergab, ein wichtiger Meditationsstoff."

Ich vermeine, dass die gegenwärtigen Lehrer der Anthroposophie aus diesem Berichte Rudolf Steiners einen Fingerzeig für die Ausbildung der rechten *anthroposophischen Methode* gewinnen können, indem sie das biogenetische Grundgesetz als Verpflichtung im Geistigen annehmen. Nicht durch Ignorierung der philosophischen Goethe-Interpretation Rudolf Steiners, nicht durch bequemes Aufgreifen der Ausdrucksformen symbolischer Dichtung gelangt man zur Verantwortungsfähigkeit für die vollen Ansprüche des Wesens Anthroposophie vor der Zeit und vor der Welt, sondern durch ein rekapitulierendes Verständnis des Entwicklungsganges Rudolf Steiners. Ohne das Fundament der Goetheschriften, ohne das Fundament der Analyse des Christus-Bewusstseins in der „Philosophie der Freiheit“ wäre Anthroposophie vor der Welt – Dichtung.

Ich will jetzt auf einen besonderen Umstand aufmerksam machen, der bei allen Erlebnissen der Begegnung mit der Lehrtätigkeit Rudolf Steiners in Betracht gezogen werden muss. Ich unterscheide die Lehr-Inhalte, die Rudolf Steiner – zum großen Teil in freier Rede als Vortragender – ausbreitete, von dem Lehr-Akte selbst. Dieser letztere kann für uns nicht minder zum Gegenstande unseres Erkenntnisstrebens werden als der Inhalt der Vorträge. Ein Geschehen wie dasjenige der Weihnachtstagung fordert dazu auf, dass wir zu gedanklichen Vorstellungen darüber kommen sollen, inwiefern hier wirklich der Grundstein unseres Menschenseins gelegt wurde. Dass das in Rudolf Steiner verkörperte Geschehnis der Weihnachtstagung als solches nicht ein Lehr-Gegenstand für Rudolf Steiner ist, versteht sich von selbst. Was durch Rudolf Steiner Geschehnis und Ereignis ist, kann für uns den Imperativ enthalten, das Ereignis zu *begreifen*. Bezeichnenderweise spricht der erwähnte Aufsatz von Steffen über „Erlebnisse während der Gründungsversammlung der Allgemeinen Anthroposophischen Gesellschaft“. Zu gedanklichen Urteilsbildungen über das Geschehnis selbst scheint die Zeit noch nicht reif, zunächst spricht die Unmittelbarkeit der „Erlebnisse“. Inzwischen ist mehr als ein Jahrzehnt verstrichen, und die Erfahrung des anthroposophischen Lebens lehrt, dass ein Fortschreiten der anthroposophischen Arbeit in der Welt von einem tiefdringenden Verständnis der Weihnachtstagung bedingt ist. Steffen konnte in dem vergangenen Jahrzehnt nichts beitragen zur vertiefenden Erkenntnis der Weihnachtstagung. Andere haben diese Aufgabe übernommen, in bedeutender Weise Roman Boos. Dr. Boos sucht die Kontinuität herzustellen zwischen der Grundsteinlegung des Urchristentums und der Grundsteinlegung der gegenwärtigen Christusoffenbarung. Seine Gedanken zu diesem Problem wirken wie eine gewaltsame juristische Konstruktion, sie scheinen umwittert vom eisigen Fanatismus eines katholisierenden Augustinismus. In seinem im Druck vorliegenden Wiener Vortrage vom Jahre 1927 unterbreitet Boos seine gedankliche Verarbeitung des Wesens der Weihnachtstagung: „So können wir sagen: wenn wir in einem wirklichen geistigen Sinne sprechen vom *Grundstein des Christentums*, dann erkennen wir die Gundsteinkraft, die gelegt wurde in jenem Gespräch zwischen Christus und Petrus (vgl. Matthäus 16, 18) –, dann erkennen wir diese Grundsteinkraft als die gleiche Kraft, die Dr. Steiner in seinem Leben betätigt hat, und die Dr. Steiner aus seiner Lebenskraft heraus in unsere Gesellschaft hinein geschenkt und geopfert hat. Und diese Kraft ist die Gleiche, die wir entfalten müssen, um vor der Weltgeschichte, vor der Geistgeschichte dieses *Todes*-Opfer erscheinen zu lassen als ein Ereignis des geistigen Gemeinschafts-*Lebens*, sodass wir werden sagen können: auch dieser Tod ist verschlungen in den Sieg des lebendigen Geistes.“

Dass Steffen es bisher unterlassen hat, seinerseits zum Verständnis der Weihnachtstagung beizutragen, bedeutet ein Vakuum in der Führung und Leitung der Anthroposophischen Gesellschaft. Es wäre unanthroposophisch, Steffen seine Einseitigkeit zum Vorwurf zu machen. Mit der Respektierung der Individualität fängt doch das Anthroposophische an. Wir werden uns nur hüten, in der Einseitigkeit Steffens eine Offenbarung der Anthroposophie selbst zu sehen.

Als ein Grundzug des Wesens Steffens erscheint mir seine ausgeprägte Scheu vor der „nüchternen“ Begriffsform des

Geistes. Steffen wirkt tief und nachhaltig, wo er anthroposophische Wahrheiten schlicht dichterisch ausspricht; er wirkt – das Wort lässt sich nicht vermeiden – als Dilettant überall dort, wo er sich begrifflich aussprechen möchte. Nun nehme man aber die Situation der anthroposophischen Arbeit und Aufgabe in der Gegenwart, wie sich diese Gegenwart nun einmal darstellt. Die eigentliche Mission der Anthroposophie ist (vgl. S. 6) die Verkündigung der gegenwärtigen Christus-Offenbarung. Wir werden bei dieser Aufgabe nicht davon dispensieren können, den Geist in seiner Wissenschaftsform zu bezeugen, wenn wir die Gegenwart ansprechen und mehr sein wollen als eine Glaubensgemeinschaft. Da haben wir in der Gegenwart die Kirchen verschiedener Konfession, die auf ihre Weise das Amt der Verkündigung eines traditionellen Christentums für sich in Anspruch nehmen. Scheint es da nicht notwendig, dass die Lehrer der Anthroposophie eine Sprache sprechen, die z.B. von den gegenwärtigen Theologen überhaupt *gehört* werden kann, und welche andere Sprache sollte dies sein als die wissenschaftliche Sprache? Woran liegt es, dass es nirgends so dicke Missverständnisse in bezug auf Wesen und Aufgabe der Anthroposophie gibt als auf Seiten der Theologenschaft? Die Theologen geben sich dem Missverständnis hin, die anthroposophische Geistesschulung erschließe eine übersinnliche Welt, die sich als ein Produkt „des Menschen", (also des für den Theologen fragwürdigsten Geschöpfes) zwischen unser Dasein und Gott als ein Mittelglied einschiebt. Die Theologen sprechen diesem angeblichen anthroposophischen Beginnen die Legitimation ab, überhaupt vom Gotte des Christentums zu sprechen, denn dieser werde durch die anthroposophischen Bemühungen überhaupt nicht tingiert. Oder die Theologen kommen auf Grund zahlreicher anderer Vorurteile zu schiefen Auffassungen über das Wesen der Anthroposophie im Ganzen. Als ein besonders krasses Beispiel erwähne ich ein

Urteil des Vertreters der russischen Orthodoxie Berdjajew. In der Sammlung „Östliches Christentum, Dokumente, Band II. Philosophie“ (1925) schreibt dieser Denker in einem formschönen Aufsatz über das Problem der „Anthropodizee“ (S. 251f.): „Und am wenigsten kann man eine wahre religiöse Anthropologie in der Anthroposophie Rudolf Steiners finden. Für die sich so zu Unrecht nennende Anthroposophie ist der Mensch nur ein vorübergehendes Moment der kosmischen Evolution, er gestaltet und zersetzt sich im Kosmos, er ist ein Kind der Welt, kein Kind Gottes. Die Anthroposophie ist monistisch und naturalistisch. Sie kennt die Kategorie der Freiheit nicht. Sie überträgt auf die geistigen Welten Haeckel, seinen Naturalismus und Evolutionismus. Die Anthroposophie hebt den Menschen auf, wie die Theosophie Gott aufhebt. Beide haben nur das Recht, sich Kosmosophie zu nennen.“ Sollte es sich wirklich nicht verlohnen, sich mit solchen Behauptungen eines bedeutenden Kopfes sachlich auseinanderzusetzen? Aber man blicke in die anthroposophischen Zeitschriften und Bücher, da findet sich nichts von derartiger Auseinandersetzung. Was wurde getan, um die zuerst genannten Missverständnisse über die angebliche anthroposophische „Zwischenwelt“, wie sie von deutschen Theologen des Protestantismus verbreitet werden, zu beseitigen? So gut wie nichts! Ohne Frage ist es ein Risiko, den christlichen Theologen die wahren Fundamente der anthroposophischen Christus-Verkündigung einsichtig zu machen. Ohne Frage hätte sich solche Aufgabe einer eigens geprägten begrifflichen Ausdrucksweise zu bedienen, was entfernt nicht heißen kann, dass man sich der Abstraktionswelt der Theologie „anzupassen“ hätte. Von einer verantwortungsfähigen Führung der anthroposophischen Bewegung muss erwartet werden können, dass sie derartige Aufgaben als zu Recht bestehend anerkennt und dass sie deren Lösungsversuche gegebenenfalls fördert. Wir erleben nicht nur die Passivität der anthroposophischen Führung, sondern Schlimmeres. Es durfte nicht vorkommen, dass von einer Seite aus, die vor der Welt als mitverantwortlich für die Angelegenheiten der anthroposophischen Arbeit angesehen wird, den erwähnten theologischen Missverständnissen auch noch Vorschub geleistet wird. Bekanntlich gehört zum Entscheidenden in der Aufgabe der gegenwärtigen Christus-Verkündigung die Stellung des Geistesforschers zu den Dokumenten der Evangelien. Diese sind insbesondere für den protestantischen Theologen die einzige Erkenntnisquelle für sein Kerygma. Die Stellung des Geistesforschers zu den Evangelien wurde von Rudolf Steiner mit größter Eindringlichkeit an vielen Stellen seiner Vorträge immer und immer wieder den Hörern eingeprägt. Der Geistesforscher forscht autonom, er erkennt aus eigener Kraft Wahrheiten, die sich, wenn sie *nachträglich* zum Vergleiche an die historischen Dokumente der Evangelien herangetragen werden, ihre Übereinstimmung mit den Wahrheiten der Evangelien zeigen. Mehr noch: durch die autonome Forschung des Geistesforschers werden die alten Dokumente erst wiederum lesbar und verstehbar. Daher kann niemand eine so wohl fundierte Verehrung den Evangelien gegenüber haben wie der Geistesforscher. Jedem Anthroposophen ist dieser Tatbestand bekannt. Das hindert aber Dr. Rittelmeyer nicht, in seinem Buche „Theologie und Anthroposophie“ das folgende zu schreiben (S. 78): „Aber anthroposophische Geistesforschung unterscheidet sich nun in einem Punkt gründlich und grundsätzlich von der theologisch-dogmatischen Arbeit, wie sie heute üblich ist. Sie ist sich bewusst, *nicht auf die Bibel allein angewiesen zu sein, sondern sich in der Welt, von der die Bibel redet, freier bewegen zu können.*“ Dies schreibt ein Anthroposoph, dem nicht unbekannt sein *kann*, dass Rudolf Steiner nicht einmal, sondern viele Male gesagt und ausgeführt hat, was in der folgenden wörtlichen Stellte ausgedrückt ist: „Und so müssen wir sagen, dass die Geheimnisse des Johannes-Evangeliums, unabhängig von jeder Tradition, von jeder historischen Urkunde von dem Menschen gewonnen werden können. Man möchte, um das ganz deutlich zu sagen, einmal in einer extremen Weise das aussprechen. Dann könnte man so sagen: Nehmen wir an, durch irgend ein Ereignis gingen alle religiösen Urkunden dem Menschen verloren, und dieser behielte nur die Fähigkeiten, die er gegenwärtig [in Rudolf Steiner, notabene!] hat, – dann müsste er trotzdem, – wenn er sich nur die Fähigkeiten, die er hatte, bewahrt –, in die Geheimnisse des Daseins eindringen können; er müsste hingelangen können zu den göttlich-geistigen schaffenden Kräften und Wesenheiten, die hinter der physischen Welt verborgen sind. Und die Theosophie muss durchaus auf diese, von allen Urkunden unabhängigen Erkenntnisquellen bauen. Dann aber, wenn der Mensch also unabhängig erforscht, unabhängig von allen Urkunden die göttlich-geistigen Geheimnisse der Welt erforscht hat, dann geht man an die religiösen Urkunden. Dann erst erkennt man sie in ihrem wahren Wert. Dann ist man in einer gewissen Weise frei und unabhängig von ihnen. Man erkennt dann, was man selbst erst gefunden hat; und wer einen solchen Weg gegenüber den religiösen Urkunden eingeschlagen hat, von dem können Sie sicher sein, dass diese Urkunden niemals an Wert verlieren – niemals etwas verlieren von der Ehrfurcht und Verehrung, die man Ihnen gegenüber haben kann.“ Es ist mir nicht bekannt, dass die von der Freien Hochschule für Geisteswissenschaft in Dornach ausgehende und von Albert Steffen geleitete repräsentative Zeitschrift „Das Goetheanum“ jemals den verantwortungslosen Nonsens der Rittelmeyerschen Sätze ad absurdum geführt hätte. Die Leitung der anthroposophischen Arbeit kann aber von Verpflichtungen gegenüber der Öffentlichkeit nicht freigesprochen werden, die für jeden halbwegs einsichtigen Anthroposophen eigentlich Selbstverständlichkeiten wären.

Es entspricht dem oben gezeigten Verhältnis des Geistesforschers zu den historischen Urkunden des Christentums, dass Rudolf Steiner einen Zyklus von Vorträgen gehalten hat unter dem Titel „Die Theosophie an Hand der Apokalypse". Dieser Titel drückt deutlich aus, dass eine *Darstellung der Theosophie* gegeben werden sollte, mit einem historischen Dokumente als Hintergrund. Die erste Veröffentlichung dieser Vorträge trug denn auch, wie nicht anders möglich, eben den Titel: Die Theosophie an Hand der Apokalypse. Das hat aber die Herausgeber einer Neuauflage der Vortragsnachschriften dieses Zyklus nicht gehindert, dieser den Titel anzuhängen: „Die Apokalypse des Johannes, von Rudolf Steiner". Die notwendige Folge wird sein, dass der unvorbereitete Leser dieses Titels annehmen muss, es handle sich um eine irgendwie historisch-philologische Betrachtung der Apokalypse. Dass es heute im Rahmen der verantwortlichen anthroposophischen Arbeit keine Instanz gibt, die auf eine derart leichtfertige Unverantwortlichkeit aufmerksam machen könnte, muss bedauert werden. Wenn man vor der Zeit und Welt gehört und respektiert werden will, wird man Sorge zu tragen haben, dass man nicht selbst die dümmsten Missverständnisse verursacht.

Die in der weiten Welt verstreut lebenden Anthroposophen möchten gerne Vertrauen haben können in das Gebaren der Dornacher Verantwortlichen. Die von jeder anthroposophischen Gesellschaft unabhängigen Teilnehmer an der anthroposophischen *Bewegung* (vgl. S. 8), die Repräsentanten des unmittelbaren Bewegtseins durch Rudolf Steiner, sie würden mit Enthusiasmus in Dornach den Ort der Initiative und der Verantwortung sehen wollen, wenn ihnen das nicht unmöglich gemacht wird.

Um im Interesse der Sachlichkeit und der Wahrheit nicht bange zu sein, will ich auf das folgende aufmerksam machen: „Grundlegendes zur Erweiterung der Heilkunde" heißt eine Schrift, die *nach dem Willen Rudolf Steiners* von Dr. Ita Wegmann verantwortet und mit den *Pflichten und Rechten des Autors*, im Sinne der Gesetzgebung über das geistige Urheberrecht, vor der Öffentlichkeit vertreten wird. Das Buch erschien im Jahre 1925. Die Auflage dieser sehr geschätzten und begehrten Schrift ist entweder ausverkauft oder vom Verleger zurückgehalten; jedenfalls ist das Buch seit Jahren weder in Dornach noch im sonstigen Buchhandel käuflich. (Bei meinem Hamburger Buchhändler fand sich kürzlich aus Anlass einer Bestandesrevision ein Exemplar des Buches und das Interesse der anthroposophischen Medizinerkreise an diesem Glücksfall war aufschlussreich). Man muss nun den für dieses Buch verantwortlichen Inhaber der geistigen Urheberrechte, also Frau Dr. Ita Wegmann, fragen: was wird getan, um entsprechend dem Willen Rudolf Steiners dieses Buch der Welt dienlich sein zu lassen? Seit wann hat es die Willkür eines widerspenstigen Verlegers in der Gewalt, über den Inhaber der geistigen Urheberrechte zu verfügen? Es gibt andere Verlage!! Die Situation ist denkbar einfach. Wenn der widerspenstige Verleger anderer Meinung ist, dann mag er beim Handelsgericht klagen, – um einen ganz überflüssigen Prozess zu verlieren.

Wenn der Philosophisch-Anthroposophische Verlag am Goetheanum in Dornach, eben der Verleger des Buches „Grundlegendes zur Erweiterung der Heilkunde" es aus Gründen der „Gesellschaftspolitik" für zweckmäßig hält, gegen den klaren Willen Rudolf Steiners das Buch der Welt vorzuenthalten, dann muss man die Verleger fragen: Wie gedenkt man eigentlich mit solchen Praktiken vor dem Urteil der Geschichte zu bestehen? Man darf doch wohl annehmen, dass das Urteil der Geschichte und das Urteil der kommenden Generationen von Anthroposophen über diese Machenschaften eindeutig und ganz gewiss nicht zurückhaltend sein wird.

Herr Steffen hat einmal ausdrücklich erklärt, er trage die Verantwortung für alles in Dornach Geschehende. Es ist mir nicht bekannt, dass Herr Steffen, der 1. Vorsitzende der Anthroposophischen Gesellschaft, seine Autorität dafür eingesetzt hätte, dem Willen Rudolf Steiners hinsichtlich des Buches „Grundlegendes zur Erweiterung der Heilkunde“ zur Wirksamkeit zu verhelfen.

Das Nicht-entsprechen-*Wollen* dem klaren Willen Rudolf Steiners hat schließlich zur Zerstörung des Heiligtums der Weihnachtstagung geführt, und dafür zeichnet vor der Geschichte Herr Albert Steffen, der Vorsitzende der ehemals „Allgemeinen“ Anthroposophischen Gesellschaft als Letztverantwortlicher.

II.

Es ist nicht der Zweck dieser für die Öffentlichkeit bestimmten Schrift, die Öffentlichkeit zu behelligen mit den Kinderkrankheiten der werdenden Weltangelegenheit „Anthroposophische Gesellschaft“. Dagegen entnimmt diese Schrift aus der gegenwärtigen Situation der anthroposophischen *Bewegung* die Aufgabe, die Frage zu beantworten: Welches Ansehen hat Albert Steffen zu beanspruchen als *Lehrer der* Anthroposophie? Wir haben im ersten Teil Steffen kennengelernt als Anthroposophen. Wir lernen ihn jetzt kennen, was nicht das gleiche ist, eben als *Lehrer* der Anthroposophie.

Ich mache mich nun anheischig, am konkreten Beispiel aufzuzeigen und zu beweisen, dass Steffen ein irrender, ein ganz und gar unmöglicher Lehrer der Anthroposophie ist. Aufregender als diese meine Behauptung wird der *Beweis* für diese Behauptung sein. Ich werde dabei nicht in Widerspruch kommen mit den Urteilen, die Rudolf Steiner über Steffen gegeben hat. Ich lasse es mir nicht beifallen, das Urteil Dr. Steiners über den Dichter und den dichtenden Menschen Albert Steffen im entferntesten anzutasten. Dieses Urteil hat für mich objektive Geltung bis in die letzten Nuancen seines Wortlautes – im Rahmen der Schicksalsgemeinschaft der Anthroposophen, für die es geprägt ist. Ich gebe mir Rechenschaft darüber, dass *mein* Urteil über Steffen keineswegs den Dichter meint (das wäre ein Kapitel für sich), sondern eben den Lehrer der Anthroposophie, der in höchstverantwortlicher Stellung heute – mit seinem Willen oder gegen seinen Willen – als Führer der Anthroposophen vor dem öffentlichen Urteil steht. Über Steffen als Lehrer der Anthroposophie zu urteilen hatte Rudolf Steiner weder Veranlassung noch Gelegenheit, denn Steffen übernahm diese Rolle erst nach dem Tode Rudolf Steiners.

Steffen hat sich bei verschiedenen Gelegenheiten über dasjenige ausgesprochen, was er die richtige anthroposophische Methode nennt. Dass sich Herr Steffen unter seiner „Methode" etwas reichlich Nebuloses vorstellt, wäre leicht zu belegen (vgl. weiter unten). Man muss daher dankbar sein, wenn solche, die sich auf Steffen berufen und die umgekehrt von Steffen geliebt werden, in eindeutiger Weise zu verstehen geben, was mit der Steffenschen richtigen „Methode" eigentlich gemeint wird. Mir ist z.B. eine Auffassung über die Besonderheit der Methode Steffens bekannt, die von Dr. Poppelbaum vertreten wurde und die besagt, dass Steffen sich dadurch als der berufene Führer der Anthroposophen ausweise, dass er ein bedeutender und erfolgreicher Dichter sei. Solcher Pragmatismus mag für Viele etwas Bestechendes haben. Mit dieser von Poppelbaum geäußerten Auffassung stimmt überein, was mir ein anthroposophischer Freund aus der Schweiz mitteilt darüber, wie die „Methode“ von Dr. Jenny, Englert und von Steffen selbst aufgefasst werde. Nach dieser Mitteilung bestünde die *falsche* Methode darin, dass versucht wird, Aussagen des Geistesforschers durch gesicherte Tatsachen und Forschungsresultate der öffentlich anerkannten Wissenschaft zu *beweisen*. Kein Zweifel, dass solche Methode falsch und gegen die ausdrücklichen Warnungen Dr. Steiners gerichtet wäre. Wenn man übrigens in den Kreisen um Dr. Jenny, wie der Brief aus der Schweiz andeutet, Poppelbaum zu den Vertretern dieser evident falschen Methode zählt, dann gewiss zu Unrecht. Dr. Poppelbaum denkt gar nicht daran, z.B. in seinem ausgezeichneten Buche über „Mensch und Tier“, die Geisteswissenschaft zu „beweisen“. Er *belegt* allenfalls die Tatsachen der Geistesforschung mit Tatsachen seiner naturwissenschaftlichen und psychologischen Forschungsarbeit, die auf der lebendigen Teilnahme an der entsprechenden nichtanthroposophischen fachwissenschaftlichen Arbeit gründet. Das ist etwas ganz anderes als dilettantisches Beweisen-wollen. Vor allem ist aber solches Belegen etwas von Dr. Steiner ausdrücklich Erwünschtes und lebhaft Erhofftes. Also bitte etwas mehr Sachkunde und dann erst die Kritik! Und nun aber die *richtige* Methode nach der Interpretation der Genannten: Die richtigen Methodiker – nach der Auffassung Dr. Jenny und Englert – sind deswegen richtig, weil sie ihre glanzvollen Individualitäten und Persönlichkeiten in ihrem schöpferischen Tun selbst als – – ja nun als was? – – als Beweis? – – sagen wir doch kurz als *Offenbarung* der Wahrheit der Anthroposophie huldvoll präsentieren. Da haben wir die „Methode“! Das ist der Kernpunkt: eigenste, persönlichste, schöpferische Leistung, das also versteht die Gefolgschaft Steffens unter der richtigen anthroposophischen „Methode“.

Sehen wir einmal zu, ob Steffens Lehrtätigkeit selbst die Anerkenntnis dieser Methode herausfordert; und sehen wir einmal zu, was dabei herauskommen kann und – herausgekommen ist. Um es vorwegzunehmen: Der nackte Verrat am Wesen Anthroposophie kommt dabei heraus. Ich werde sogleich den Beweis für diese Behauptung bringen. Und ich fordere auf, meinen Beweis zu widerlegen.

Mein Beweis:

Ich fasse Steffen bei einer Gelegenheit, die besonders repräsentativ ist für sein anthroposophisches Lehramt, nämlich bei der feierlichen Rede, die er 1933 zum Geburtstage Rudolf Steiners gehalten hat und die in demonstrativer Weise abgedruckt worden ist im Nachrichtenblatt der Anthroposophischen Gesellschaft (vom 24. Februar 1935), kurz vor der Generalversammlung also, durch welche die Zerstörung der Weihnachtstagung vollendet wurde.[4]

Der von mir zu kritisierende Passus in der Rede Steffens lautet: „Dass man einmal von unserer Gesellschaft nicht eine Dichtung, sondern eine wirklich reale Geschichte schreiben könnte, wo Menschen da wären, die in ihrem Schicksal wirklich

4 Dass ich mich in einer öffentlichen Schrift auf eine Publikation in dem Nachrichtenblatt „Was in der anthroposophischen Gesellschaft vorgeht“ beziehe, obschon der Inhalt dieses Blattes ausdrücklich nicht für die Öffentlichkeit bestimmt ist, weiß ich zu verantworten. Es ist nämlich ein purer Zufall (der Sachkundige wird mir Recht geben), dass die Rede just im Nachrichtenblatt steht. Der Redaktion Steffens beliebt es, gesellschaftswichtige Angelegenheiten – ganz ohne Methode – nach Belieben einmal im öffentlichen Goetheanum und einmal im Nachrichtenblatt zu behandeln. Das Nachrichtenblatt erfüllt den ihm von Dr. Steiner zugedachten Sinn in keiner Weise. Es ist alles andere als eine Dokumentierung dessen, „was in der anthroposophischen Gesellschaft vorgeht“. Der künftige Historiker würde sehr in Verlegenheit kommen, wenn er auf das Nachrichtenblatt angewiesen wäre. Nicht alles wird im Nachrichtenblatt verzeichnet. Man kann das beweisen. Man nimmt z.B. den gebundenen zweiten Jahrgang, 1925 zur Hand und blättert

so ihrem Urmotiv lebten und in der Wissenschaft vom Urphänomen ausgingen, das scheint mir dasjenige zu sein, was unsere Gesellschaft erstreben muss, so dass man einmal von ihr sagen kann: hier ist eine Gesellschaft, wo jeder einzelne in sich selbst als Ich-Mensch sein Urmotiv gefunden hat, das heißt, sein Schicksal eben erfüllen wird und *von da aus nun für die andern Menschen etwas Neues schafft, was den andern Heimat werden kann*. [Hervorhebung von mir, K.B.] Es gibt solche Menschen in unserer Gesellschaft. Rudolf Steiner gab uns allen schon die Heimat: Architekten, Malern, Dichtern. Nehmen wir etwa ein Gedicht von Christian Morgenstern, – wir fühlen uns in der Heimat, wenn wir es hören. Oder lesen wir einen Aufsatz von Carl Unger. Das ist das Weben des Geistes, was in unsere Gedanken als Lebendiges eintritt und uns erneuert."

Meine Kritik:

Herr Albert Steffen ist also der Meinung, es sei nicht etwa unsere *einzige* Aufgabe, durch das Studium der „Geisteswissenschaft" in der Heimat, die Rudolf Steiner uns gegeben hat, ansässig und heimisch zu werden, sondern es sei *uns* auch noch die andere Aufgabe zugemessen, derart schöpferisch aufzutreten (als Dichter z.B.), dass *wir* (*wir* !!!) unseren Mitanthroposophen unsererseits Heimat zu geben hätten. Diesen Gedanken *kann* nur einer denken, dessen Ahnungslosigkeit in bezug auf die Aufgabe der anthroposophischen Christusverkündigung vollkommen ist.

darin – Januar, Februar, März… usw. In der Nummer vom 12. April 1925 stößt man beiläufig auf den Artikel: „Zur Bestattung Rudolf Steiners, aus der Gedenkrede Albert Steffens". Man schließt daraus, dass Rudolf Steiner gestorben sein muss. Der Historiker interessiert sich für das Datum des Hinscheidens. Ich habe mir die Mühe gemacht, den Jahrgang 1925 daraufhin zu befragen, an welchem Tage des Jahres 1925 Rudolf Steiner den physischen Plan verlassen hat. Erfolg negativ. Methode!

Um meiner Kritik die rechte Atmosphäre zu geben, beleuchte ich zuerst die aktuelle Situation, die von Steffen gemeint ist, mit einem Bilde, mit einer Analogie. Ich zitiere aus dem Hamburger Johannes-Evangelium-Zyklus vom Jahre 1908: „– – – Und nun handelt es sich darum, dass in dem wirklichen Christen eine Wirkung des Ereignisses von Golgatha sein muss, dass es etwas geben muss, wodurch der wirkliche Christ nach und nach die Anlage zu einem im christlichen Sinne geläuterten Astralleib erhält. Es musste für den Christen etwas da sein, wodurch er seinen astralischen Leib nach und nach ähnlich machen kann einer Jungfrau Sophia, um dadurch den Heiligen Geist (der ja sonst ausgebreitet sein könnte auf der Erde, aber nicht empfangen werden könnte von dem, dessen astralischer Leib nicht ähnlich ist der Jungfrau Sophia) in sich aufzunehmen. Es musste eine Möglichkeit da sein, d.h. es musste etwas da sein, was die Kraft in sich enthält, die wirkliche Kraft, den menschlichen Astralleib zu einer Jungfrau Sophia zu machen. Wo liegt diese Kraft? Diese Kraft liegt darin [ich bitte das folgende *genau* zu lesen, K.B.], dass der Christus dem Jünger, den er lieb hatte, also dem Schreiber des Johannes-Evangeliums, die Mission übertragen hat, aus seiner Erleuchtung heraus wahr und getreulich die Vorgänge aufzuschreiben, – das aufzuschreiben, was da geschehen ist, – damit die Menschen es auf sich wirken lassen können. Lassen die Menschen das auf sich wirken, was im Johannes-Evangelium aufgeschrieben ist, und lassen sie es genügend auf sich wirken, dann ist ihr astralischer Leib auf dem Wege eine Jungfrau Sophia zu werden, und er wird empfänglich für den Heiligen Geist. Er wird allmählich empfänglich für die Stärke der Impulse, die vom Johannes-Evangelium ausgehen, wahres Geistiges zu fühlen und später zu erkennen."

Ich übertrage diesen Gedanken Rudolf Steiners auf unsere unmittelbare Gegenwart: Worin liegt und besteht die Kraft, die uns heutige Anthroposophen befähigt, das Wirken des Geistes in der Gegenwart wahrzunehmen? Nach der Lehre von der richtigen „Methode" läge dieser Kraft in der schöpferischen Befähigung z.B. des Dichters Steffen. Worin liegt aber und besteht *in Wahrheit* diese Kraft? Antwort: Darin liegt und besteht die Kraft, dass der Welt-Geist an Rudolf Steiner die Mission übertragen hat, wahr und getreu den Übersinnlichen Menschen, den Kosmischen Anthropos zu beschreiben, seine Menschwerdung zu beschreiben, *„damit die Menschen es auf sich wirken lassen können."* Wenn die Menschen – als Anthroposophen – sich im Ernste bequemen werden, *Anthroposophie zu studieren* (anstatt sich mit den Insinuationen des Herrn Steffen abzugeben), dann gilt das Obige: „Lassen die Menschen das auf sich wirken, was ... aufgeschrieben ist (in den Büchern und Vorträgen Rudolf Steiners), und lassen sie es genügend auf sich wirken, dann ist ihr astralischer Leib auf dem Wege eine 'Jungfrau Sophia' zu werden, und er wird empfänglich für den Heiligen Geist. Er wird allmählich empfänglich durch die Stärke der Impulse, die von dem – Wesen Anthroposophie ausgehen, wahres Geistige (nachdenkend) zu fühlen und später (nachdenkend) zu erkennen."

Das ist, wenn ich nicht irre, exakt die Situation der gegenwärtigen anthroposophischen Arbeit im Rahmen der Erkenntnis- und Schicksalsgemeinschaft der Allgemeinen Anthroposophischen Gesellschaft. Des Herrn Steffen und anderer Eitelkeit und Anmaßung verunmöglicht jedes saubere und rechtschaffene Studium der Anthroposophie, wenn sie ihrer eigenen schöpferischen Befähigung auch nur die allermindeste Bedeutung beimessen in Ansehung der überwältigenden Größe des Werkes Rudolf Steiners. Herr Steffen und seine Gesinnungsgenossen schieben sich als Parasiten vor das Werk Rudolf Steiners. Herr Steffen unternimmt nichts Systematisches, das Studium und die Verbreitung dieses Werkes zu fördern. Sein

Dilettantismus ist die Katastrophe der Gesellschaft, die in Wahrheit aufgehört hat, als die von Rudolf Steiner gestiftete weltweite Allgemeine Anthroposophische Gesellschaft eine geistige Wirklichkeit zu sein.

Wie wandelt sich der Passus aus dem Vortrage Rudolf Steiners über das Johannes-Evangelium ab, wenn man ihn im Sinne des Standpunktes des Herrn Steffen interpretiert? Der Passus sieht dann so aus: Worin liegt die Kraft, die uns befähigt, das Wesen Anthroposophie (unsere geistige Heimat) wahrzunehmen? Steffen lässt diese Frage auf sich beruhen und wirft eine andere Frage auf. Er frägt: Was befähigt *mich*, andern Menschen, also z.B. den Mitanthroposophen, Heimat zu schaffen? (Das ist kein Scherz, das steht dem Sinne nach mit aller Deutlichkeit in dem zitierten Passus der famosen Geburtstagsrede Steffens.) Herr Steffen beantwortet die Frage, in seiner Bescheidenheit, mit einem Hinweis auf zwei Anthroposophen. Er sagt: „Es gibt solche Menschen in unserer Gesellschaft", die für andere „etwas Neues schaffen, was den andern eine Heimat werden kann". Er nennt dann zwei Namen von „solchen Menschen", aber man tut den beiden Genannten – Verstorbenen – Unrecht, wenn man ihnen Aspirationen unterstellt, für die Steffen sie zu Zeugen machen möchte. –

Judas wäre kein Versucher, wenn er die Frage aufwerfen würde (eben die Frage, die Steffen *nicht* stellt): „Worin liegt die Kraft, die uns befähigt, unsere geistige Heimat in Rudolf Steiner, das Wesen Anthroposophie, konkret-inhaltvoll wahrzunehmen?" und wenn er auf diese Frage mit der Antwort zahlen würde: „Lassen die Menschen auf sich wirken, und lassen sie genügend auf sich wirken, was in der Geistes-Wissenschaft aufgeschrieben ist, dann werden sie allmählich empfänglich durch die Stärke der Impulse, die von dem Wesen Anthroposophie ausgehen, wahres Geistiges nachdenkend zu erkennen." Herr Steffen entblödet sich nicht, an der – so schlichten –

Wahrheit schnurstracks vorbeizugehen, dass es eitelste Überheblichkeit ist, Heimat schaffen zu wollen, während noch nicht das mindeste getan ist, damit wir uns in der Heimat, d.h. in der Anthroposophie selbst unter Verzicht auf jeden Ersatz, ansiedeln und heimisch werden. Mir fehlen die Worte, um die Ungeheuerlichkeit diese Phänomens zu treffen.

Man soll meine Argumentation widerlegen, damit ich nicht genötigt bin, hier von abgründigem Verrat am Wesen Anthroposophie zu sprechen.

Ein Aufsatz, betitelt „Methodisches", von Albert Steffen, in der Wochenschrift „Das Goetheanum" vom 12. Mai 1935, beginnt mit dem folgenden Satze: „Man wird der Individualität eines Menschen erst dann gerecht, wenn man sie nach den Richtlinien betrachtet, die sie sich selber gibt und die sie auf ihrem Lebensweg zu benutzen sucht, das heißt aber: Nach ihrer eigenen Methode." Aus diesem Satz spricht die schönste liberalistische Anmaßung. Genau das Gegenteil dieses oberflächlichen Liberalismus lehrt die Anthroposophie. Der Steffensche Satz ist nur unter der Voraussetzung möglich, dass es die von der Weihnachtstagung gestiftete Karmagemeinschaft und Erkenntnisgemeinschaft der Anthroposophen *nicht* gibt. Wenn der Liberalist sich entschließen kann, Anthroposophie zu studieren, dann erfährt er von dem Lehrer Rudolf Steiner, was in der Nachschrift des 3. Vortrages des Zyklus „Von Jesus zu Christus" (Karlsruhe 1911) nachzulesen ist. Hier erfahren wir, dass das Gesetz der Individualität, nach welchem diese beurteilt werden will (sei es von sich selbst oder von anderen), irgendwo verankert ist. Für die „Richtlinien", von denen Steffen spricht, gibt es einen Geometer und Richter, der die Linien auf ein Wahrheitszentrum ausrichtet. Rudolf Steiner sagte: „Und während das Christentum und die christliche Entwicklung bisher eine Art von Vorbereitung bedeutet, tritt jetzt das Bedeutsame ein, dass Christus der Herr des Karma wird, dass ihm es obliegen wird in der Zukunft zu bestimmen, welches unser karmisches Konto ist, wie unser Soll und Haben im Leben sich zueinander verhalten.“ Es ist also richtig, was Steffen weiter in seinem Aufsatze sagt: „Der Urteilende wird sich so nie nach einem subjektiven, sondern nach einem objektiven Maßstab richten, ...“ Aber Herr Steffen ist in seinem Studium der Anthroposophie noch nicht soweit vorgeschritten, dass er wüsste, dass dieser „objektive“ Maßstab der Christus ist, als der Herr des Karma. Steffen spricht von dem objektiven Maßstab, „der durch die zu beurteilende Persönlichkeit selber gegeben ist“. Er müsste aber rechtmäßig sagen, dass der Maßstab durch das eigentliche Selbst der Persönlichkeit gegeben ist, welches Selbst, sofern es objektive Wahrheit ist, kein anderes ist als die Persönlichkeit des Christus selbst. Herr Steffen macht liberalistische schlechte Philosophie und lässt die Anthroposophie Anthroposophie sein. Rudolf Steiner fährt nach dem oben zitierten Satze im Vortrage weiter und sagt: „Dies, was jetzt gesagt wird, ist eine gemeinsame Erkenntnis des abendländischen Okkultismus seit vielen Jahrhunderten und wird von keinem Okkultisten, der die Dinge weiß, geleugnet. Aber es ist insbesondere in den letzten Zeiten mit allen sorgfältigen Mitteln der okkulten Forschung wiederum erneut festgestellt.“ In die echte *Dichtung* fließt von jeher manches von der Weisheit des Okkultismus. Es gibt auch in unserer Zeit echte Dichter. In dem grandiosen Kamaloka-Gemälde des Dichters Ernst Barlach „Die echten Sedemunds“ kann der alte Sedemund, dem wahrhaft das Problem des Bösen aufgegangen ist, die Frage aufwerfen: Müssen nicht diejenigen „Guten“, denen es nur an einer Gelegenheit gefehlt hat zu sündigen, in der Zukunft für ihr Gutsein bestraft werden? Ich konkludiere: Was hülfe es mir, ein „guter“ Mensch zu sein, wenn ich die Gelegenheit zum Schuldigwerden verpasste, die mir durch das vorgegebene

Wesen Anthroposophie geboten ist? Im Gegensatz zur liberalistischen Betrachtungsart richtet die karmische Betrachtungsart ihre Aufmerksamkeit auf die „Gelegenheit". Die „Gelegenheiten" des Karma kommen *von außen*, es genügt nicht, das Gesetz der Individualität nur in ihrem Inneren zu suchen. Das Wesen Anthroposophie ist objektive *Außen*-Welt, so gewiss diese nur im Innerlichsten der Individualität offenbar wird. Deswegen ist es ein abgründiges Missverständnis, wenn Steffen meint: „Wo aber die auf ihrem Weg begleitete und betrachtete Persönlichkeit ... nicht weiter kann, da erweist sich ihre Begrenztheit durch sie selber und man braucht es ihr nicht besonders zu sagen." Herr Steffen sagt: „man braucht ...". Und ich frage: Wer dekretiert hier, was Brauch sein soll oder nicht? Ich richte mich nach keinem Brauch, ich vertrete, was ich als Wahrheit erkenne. Möchte das allgemeiner anthroposophischer Brauch werden! Herr Steffen erweist seine Begrenztheit dann, wenn wir als Anthroposophen die Courage haben, an dieser Begrenztheit aufzuwachen.

Rudolf Steiner spricht in seinem Vortrage konkret von dem Weg der Seele, wenn sie in die Region des „Kamaloka" eintritt. Der Mensch erlebt die Begegnung mit einer bestimmten Wesenheit, mit einer Art Buchhalter der karmischen Mächte. Diese Wesenheit war für viele Menschen bisher die Gestalt des Moses, sagt Rudolf Steiner. Daher die Formel des Rosenkreutzertums: Moses halte dem Menschen in der Stunde des Todes das „scharfe Gesetz" vor, damit der Mensch sein Konto erkennen könne. „Dieses Amt geht über im Verlaufe unserer Zeit – und das ist die bedeutungsvolle Sache – an den *Christus Jesus*, und der Mensch wird immer mehr und mehr dem Christus Jesus als seinem Richter, als seinem karmischen Richter begegnen." Man versteht den Sinn der „Grundsteinlegung" der Weihnachtstagung nicht, wenn man ihn nicht aus dieser Mitteilung über das Richteramt des Christus verstehen *will*. Die von Rudolf Steiner gestiftete Gemeinschaft der Anthroposophen als Erkenntnis- und Schicksalsgemeinschaft ist der bevorzugte Schauplatz des Gerichtes. „Genau ebenso wie sich auf dem physischen Plan zu Beginn unserer Zeitrechnung das Ereignis von Palästina abgespielt hat, so spielt sich die Übertragung des karmischen Richteramtes an den Christus Jesus in unserem Zeitalter in der nächst höheren Welt ab. Und diese Tatsache ist es, die so hereinwirkt in die physische Welt, auf den physischen Plan, dass der Mensch ein Gefühl dafür entwickeln wird in der Art: mit alle dem, was er tut, schafft er etwas, gegenüber dem er dem Christus Rechenschaft schuldig sein wird. Und dieses Gefühl, das in einer ganz natürlichen Art im Verlaufe der Menschheitsentwickelung nunmehr auftritt, wird sich umgestalten, so dass es die Seele mit einem Lichte durchtränkt, das von dem Menschen selber ausgeht nach und nach, und das beleuchten wird die Christus-Gestalt innerhalb der ätherischen Welt. Und je mehr dieses Gefühl, das eine erhöhtere Bedeutung noch haben wird als das abstrakte 'Gewissen', sich ausbilden wird, desto mehr wird die Äthergestalt des Christus in den nächsten Jahrhunderten sichtbar werden." Bequeme Seelen könnten aus dem letzten Satze schließen, dass wir ja Zeit haben. Ich bin anderer Auffassung, und ich halte es für zweckmäßig, schon jetzt den Brauch einzuführen, auf diejenigen zu achten, die sich als ein Hindernis vor die Mission der Anthroposophie (vgl. S. 6) stellen.

Ein Lehrer der Anthroposophie wird in bezug auf sein Lehrpatent gemessen durch sein Verständnis für die „Philosophie der Freiheit". Dieses Hauptwerk Rudolf Steiners enthält die entscheidende Prüfung für die Geistesströmung, die in einem spirituell bedeutsamen und positiven Sinne als Liberalismus zu bezeichnen ist. Ich habe in meiner Schrift „Deutschtum und Christentum in der Theosophie des Goetheanismus" die „Philosophie der Freiheit“ aufgezeigt als die Analyse des Christus-Bewusstseins. Ich hoffe damit einen Beitrag geliefert zu haben an die Überwindung von Hemmnissen und von Dilettantismen, deren Ursache bisher das Vorhandensein des Buches „Die Philosophie der Freiheit“ in Zusammenhängen der anthroposophischen Arbeit war. Es ist zu niedlich, wenn sich halbflügge Anthroposophen unter der Aegide von eben flüggen akademischen Doktoren in Arbeitskreisen zusammensetzen, um die „Philosophie der Freiheit“ „durchzuarbeiten“. Bei solchem Beginnen scheint es mir am Empfinden für Respekt zu fehlen. Da die Philosophie der Freiheit sich in einer leicht lesbaren Sprache ausspricht, kann bei Arglosen das Gefühl des Verstehens sich einstellen. Solche Verstehende werden dann bestimmt keinen Argwohn empfinden, wenn sie in Steffens Aufsatz „Methodisches“ (vom 12. Mai 1935) einen Satz wie den folgenden lesen: Nur die Geistesforschung, „als Methode angewandt, wird allein dem Freiheitswesen des Menschen mit seinen unbegrenzten Entwicklungsmöglichkeiten gerecht.“ Der Begriff der Freiheit als „unbegrenzte Entwicklungsmöglichkeit“ verdient etwas Aufmerksamkeit. Rudolf Steiners Idee der Freiheit gründet ganz auf dem schlechterdings mit keiner historischen Philosophie vergleichbaren Begriff des „Denkens“, den die Philosophie der Freiheit beschreibt. Die Autonomie dieses „Denkens“ ist nicht die Autonomie irgendeines Prinzips der Absolutheit, sondern ist autonom im Namen des konkreten wirklichen Denkers, der nur mit dem Eigennamen Rudolf Steiner bezeichnet wird. Dieses „Denken“ erfrägt nicht im Stile alter und neuer Ontologie das Sein, sondern bringt zur *Erscheinung*, was aus der grammatikalischen Abstraktion „Sein“ werden muss: das Wesen des Menschen. Noch Fichte glaubte, die Tathandlung des Ich habe das Sein zu setzen. Als Kritik an Fichte lernen wir an Rudolf Steiner, dass das „Sein“ der traditionellen Philosophie und Ontologie eine schlechte Abstraktion ist, ein Ausdruck dafür, dass die Idee des Erkennens als Christus-Bewusstsein noch nicht realisiert ist. Das Christus-Bewusstsein beleuchtet das Bemühen der nachscholastischen Philosophie, aus dem Denken das Sein zu begründen. Das Cogito ergo sum des Descartes bezeichnet den Angelpunkt dieses Bemühens. Wie ein Gericht bricht über die ganze nachscholastische Philosophie das Urteil Rudolf Steiners über das Cogito ergo sum herein. Im dritten Vortrage des Zyklus „Von Jesus zu Christus“ (Karlsruhe 1911) entwickelt Rudolf Steiner dieses Urteil im Zusammenhang mit einer Betrachtung des Glaubensbegriffes Solovioffs: „In dem Augenblicke, wo die Seele sich aufrafft zu der Tat, das *Sein* sich selbst beizulegen, kann sie nicht anders als sich zurückzuführen auf den historischen Christus.“ Das ist also, trotz Steffen, der wahre Sinn der „unbegrenzten Entwicklungsmöglichkeiten“ des Freiheitswesens des Menschen. Wenn die Seele die unbegrenzten Entwicklungsmöglichkeiten ausgeschöpft hat, dann stößt sie auf das Wesen des Menschen. Ihr Sein gewinnt sie, indem sie sich aus dem historischen Christus der Vergangenheit herleitet, ihr *Erkennen* aber kann sie heute gewinnen, indem sie das vorgegebene Erkennen der gegenwärtigen Christus-Offenbarung als konkretes Ich ansprechen lernt. Die verantwortungslose schlechte Philosophie des Herrn Steffen ignoriert diese Perspektive. Er belehrt in seinem Aufsatz „Methodisches“ den Naturforscher und den Psychoanalytiker über ihre Fehler und ahnt nicht seine eigene Ahnungslosigkeit in Ansehung des Wesens Anthroposophie. Die Überheblichkeit solcher Haltung aber wird auf dem Konto der anthroposophischen Arbeit zur Hybris.

Ich bringe jetzt einen weiteren Beweis für den Gehalt und die Fruchtbarkeit der Steffenschen „Methode“. Wiederum greife ich nicht auf Beliebiges oder Beiläufiges in der anthroposophischen Lehrtätigkeit Albert Steffens, sondern demonstriere an einer absichtsvoll sich repräsentativ gebenden Äußerung. Steffen publizierte in seiner Wochenschrift „Das Goetheanum" (9. Jg. Nr. 9, 2. März 1930) einen Aufsatz, betitelt „Kultus und Drama", der mit dem Untertitel versehen ist: *„geschrieben zum Geburtstag Rudolf Steiners am 27. Februar."*

In diesem Aufsatze vertritt Albert Steffen, Lehrer der Anthroposophie, eine Ansicht über das Verhältnis von Wahrheitsfindung und Persönlichkeit, die vor Rudolf Steiner ein vollendeter Nonsens ist und die beweist, dass Steffen nicht über die elementarste Kenntnis der Philosophie Rudolf Steiners verfügt, woraus dann zu folgern ist, von welcher Qualität das Steffensche Verständnis für das Wesen Anthroposophie notwendig sein muss.

Judas, der Versucher, blickte Steffen über die Schulter, als er in seinem famosen Geburtstagsaufsatze die folgenden Sätze schrieb: „Eine Methode, die Gültigkeit für alle Menschen mit gesundem Verstand besitzen soll, kann nicht abhängig sein vom Schicksal eines Einzelnen, obwohl sie von einer in sich beruhenden Persönlichkeit geschaffen sein muss. Das heißt: sie sollte, trotzdem der Mensch, der sie fand, sein individuelles Schicksal hat, von diesem nicht beeinträchtigt werden ... Das ist aber ein hauptsächliches Merkmal geisteswissenschaftlicher Methodik im Sinne Rudolf Steiners." Derlei süffisanter Klugschnack gibt sich als anthroposophisches Lehrertum! Und macht Schule! – wie aus einer Behauptung E. A. Karl Stockmeyers zu entnehmen ist, der in einem Aufsatze: „Probleme der Anthroposophischen Gesellschaft und Wege zu ihrer Lösung" (1932, Privatdruck) meint: Rudolf Steiner habe eine „Erkenntnisgemeinschaft" begründet, „die in keiner Weise an seine Person gebunden ist".

Es handelt sich um das Verhältnis des persönlichen Einzelnen zur gegenwärtigen Christus-Offenbarung des Wesens Anthroposophie, also, wenn man will, schlicht um das *theologische* Problem des Wirkens des Heiligen Geistes. Es verlohnt sich für den Anthroposophen, einmal hinzuhorchen auf die Lehre vom Heiligen Geist in der gegenwärtigen Theologie. Das soll hier geschehen, und zwar halte ich mich an die bedeutendste theologische Erscheinung der Gegenwart: an Karl Barth. Ich sehe dabei zunächst von der Differenz ab, die darin besteht, dass Barth von der historischen Offenbarung, der Anthroposoph von der *gegenwärtigen* Offenbarung zu sprechen hat. Die folgenden Feststellungen über die Bedeutung und Wirkung des Heiligen Geistes, die ich der „Kirchlichen Dogmatik" (1932) I, 1; §12, S. 470ff. von Karl Barth entnehme, entsprechen unserer anthroposophischen Auffassung: „Der Geist verbürgt dem Menschen das, was dieser sich selber nicht verbürgen kann: seine persönliche Teilnahme an der Offenbarung." – „Der Geist gibt dem Menschen die Belehrung und Leitung, die er sich selbst nicht geben kann." Hier sagt der Theologe in abstrakten Sätzen das gleiche, was wir von Rudolf Steiner anthroposophisch konkret hörten über die Bedingungen, unter denen der menschliche astralische Leib eine „Jungfrau Sophia" zu werden vermag (vgl. oben Seite 38). Der Theologe sagt insofern das gleiche wie der Lehrer Rudolf Steiner, als er zu unterstreichen hat, dass es nicht die „eigene Methode" des individuellen Einzelmenschen ist, die ihn in ein Verhältnis zum Geist bringt, sondern dass nur die Kraft des Geistes selbst diese Beziehung zu wirken vermag. Es besteht also in gewissem Sinne eine volle Übereinstimmung des Theologen und des Anthroposophen in der Verurteilung des Steffenschen Irrens.

Barth unterscheidet die objektive Tatsache der Offenbarung von der subjektiven Seite derselben, die er als „Offenbarwerden" für den Menschen versteht. Das Offenbarwerden ist die besondere Tat des Heiligen Geistes. Er sagt: „Offenbarwerden muss als etwas Besonderes, als eine besondere Tat des

Vaters oder des Sohnes oder beider zum Gegebensein der Offenbarung des Vaters im Sohne hinzukommen." Wir folgen Barth darin nicht, dass die Offenbarung den *Vater* – im Sohne – offenbart. Das Herbeiziehen des trinitarischen Gesichtspunktes zum Verständnis der Offenbarung des *Einen* Gottes gehört bereits in den Bereich der *menschlichen* Rezeption der Offenbarung und ist für den Anthroposophen offenes *Problem*, wie sie für den Theologen kirchlich festgelegtes *Dogma* ist. Im Gegensatz zu Barth muss Anthroposophie sagen: Der Eine Gott, Christus, offenbart, und indem er offenbart, offenbart er das Wesen des *Todes* als des „Vaters". Die Offenbarung des Übersinnlichen Menschen oder des Heiligen Geistes vollzieht Christus in der Gegenwart in der Offenbarung des Wesens Anthroposophie. Der Heilige Geist ist mithin nicht nur die subjektive Seite der historischen Offenbarung, sondern: die Offenbarung des Einen Gottes als das Wesen Anthroposophie ist *gegenwärtige* Offenbarung im gleichen Sinne wie die historische Offenbarung des kirchlichen Dogmas. In dieser Offenbarung klärt sich das Verhältnis zwischen Mensch und Gott, das ist das Verhältnis, dem gegenüber bisher alle Theologie scheitern musste und weiterhin notwendig scheitern wird.

Barths theologisch-kirchliche Lehre vom Heiligen Geist sei in einer etwas ausführlicheren Stelle festgehalten. Barth schreibt: „Offenbarwerden muss als etwas Besonderes, als eine besondere Tat des Vaters oder des Sohnes oder beider zum Gegebensein der Offenbarung des Vaters im Sohne hinzukommen. Dieses besondere Moment in der Offenbarung ist nun unzweifelhaft identisch mit dem, was das Neue Testament eben als die subjektive Seite im Ereignis der Offenbarung in der Regel den *Heiligen Geist* nennt. Gottes Geist, der Heilige Geist, ist im Alten und Neuen Testament allgemeingesagt: Gott selbst, sofern er in unbegreiflich wirklicher Weise, ohne darum weniger Gott zu sein, dem Geschöpf gegenwärtig sein und kraft dieser seiner Gegenwart die Beziehung des Geschöpfs zu ihm selbst realisieren und kraft dieser Beziehung zu ihm selbst dem Geschöpf Leben verleihen kann. Das Geschöpf bedarf ja des *Schöpfers* um zu leben. Es bedarf also der *Beziehung* zu ihm. Diese Beziehung kann es aber nicht schaffen. *Gott schafft sie* durch seine eigene Gegenwart im Geschöpf, also als die Beziehung seiner selbst zu sich selbst. Gott in seiner Freiheit, dem Geschöpf gegenwärtig zu sein und also diese Beziehung zu schaffen und damit das Leben des Geschöpfes zu sein, das ist der Geist Gottes. Und Gottes Geist, der Heilige Geist, speziell in der *Offenbarung*, ist Gott selbst, sofern er nicht nur zum Menschen kommen, sondern im Menschen sein und so den Menschen für sich selbst öffnen, bereit und fähig machen und so seine Offenbarung an ihm vollstrecken kann. Der Mensch bedarf der Offenbarung, so gewiss er ohne sie verloren ist. Er bedarf also dessen, dass ihm die Offenbarung offenbar, d.h. dass er für die Offenbarung offen werde. Eben das ist aber keine Möglichkeit des Menschen. Es kann nur Gottes eigene Wirklichkeit sein, wenn das *geschieht*, und es kann also nur in Gottes eigener Möglichkeit beruhen, dass es geschehen *kann*. Es ist Gottes Wirklichkeit, indem Gott selbst dem Menschen nicht nur von außen, nicht nur von oben, sondern auch von innen, von unten her, subjektiv gegenwärtig wird. Es ist also Wirklichkeit, indem Gott nicht nur zum Menschen kommt, sondern vom Menschen aus sich selber begegnet. Gottes Freiheit, dem Menschen so gegenwärtig zu sein und also diese Begegnung herbeizuführen, das ist der Geist Gottes, der Heilige Geist Gottes in Gottes Offenbarung."

Das also ist Barths großes Anliegen, *dass Gott „vom Menschen aus sich selber begegnet"*. Das ist aber auch das Thema der Anthroposophie. Und Anthroposophie offenbart die Wirklichkeit dieser Begegnung, indem sie den Geist Gottes als den konkreten Übersinnlichen Menschen erkennt, und indem sie den Weltprozess als die Menschwerdung des Heiligen Geistes im Christus-Bewusstsein erkennt und beschreibt. Der Methode der Anthroposophie entspricht es, dass sie eine „Anthropologie“ begründet, die aus der Christologie sich herleitet, und dass sie eine Christologie vertreten kann, die „Anthropologie“, bzw. Anthroposophie ist. An der Frage der Anthropologie aber scheitert die Theologie. Es bildet ein eindringliches und bedeutsames theologisches und geistesgeschichtliches Faktum, dass sich an der Frage der Anthropologie Karl Barth und Gogarten so gründlich entzweien mussten. Barth hatte die Größe, der Versuchung einer „deutsch“ und zeitgemäß sein wollenden Theologie nicht zu erliegen.

Gogarten unterzog die erste Auflage der Barthschen „Dogmatik“ (1927) einer beinahe vernichtenden Kritik (vgl. Friedrich Gogarten, Karl Barths Dogmatik, Theologische Umschau 1929, S. 60ff). Als den Vorzug der Barthschen Theologie anerkennt Gogarten, dass diese eindringlichst *Gott* als den Handelnden im Offenbarungsgeschehen aufweist. Den entscheidenden Fehler und Mangel erblickt er im Fehlen einer Lehre vom Menschen, die verstehbar machen könnte, wie Gott am und im Menschen handelt. Barth spreche von einem an und für sich, gegen den Menschen hin, isolierten Gott und ebenso von einem an und für sich, gegen Gott hin isolierten Menschen. Es gebe zwar kein Verständnis des Menschen ohne das Verständnis Gottes, aber diesen Gott kann ich nicht verstehen, ohne schon den Menschen zu verstehen. Gogartens Offenbarungsverständnis bewegt sich also in einem regelrechten Zirkel. Vor diesem Zirkel will Barth seinen Gott unter allen Umständen bewahren. Wenn es natürlich ist, dass Gogarten sein Menschenverständnis zu fundieren versucht durch Anleihen bei der Philosophie (Feuerbachianismus), so ist Barth auch darin konsequent, dass er von Philosophie nichts erwartet und nur eine Anthropologie gelten lässt, die aus der Christologie abgeleitet wird. Die Kontroverse Barth-Gogarten ist aufschlussreich, wenn man sie mit anthroposophischem Verständnis durchschaut: In diesem Gespräche zwischen Barth und Gogarten spricht in Wahrheit Luzifer mit Ahriman. Dieses Gespräch wird erst zu Ende kommen können, wenn sich zwischen Luzifer und Ahriman der wahre Gott und Geist als der wahre Übersinnliche Mensch in die Mitte stellt. Es ist also immerhin möglich, das theologische Ringen um das Verständnis des Heiligen Geistes in einen bedeutenden und sinnvollen Zusammenhang zu bringen mit Anthroposophie. Unmöglich dagegen ist es, die seichten Redensarten Steffens als anthroposophische Äußerung irgendwie auch nur ernst zu nehmen. Grenzenlose Ahnungslosigkeit und grenzenlose Anmaßung zugleich ist es, wenn Steffen von dem Stifter der Anthroposophie und von dem Inaugurator des anthroposophischen Erkenntnis-Weges (d.h. von der anthroposophischen Methode) wie von einem beliebigen Menschen spricht, „der diese Methode *fand*". Das heißt ja denn doch wohl: so wie Rudolf Steiner seine Methode *„fand"*, so konnte sie ja wohl auch irgend ein anderer Mensch „finden". Es zeugt von einem erstaunlichen Mangel an geistigem Takt (und an geistigem Geschmack), vom *Schöpfer* einer Sache zu sprechen als von einem, der etwas „fand".

Der repräsentative Lehrakt Albert Steffens in seinem angemaßten Artikel zum Geburtstage Rudolf Steiners soll nun aber doch die Veranlassung sein, das Gottesproblem des Übersinnlichen Menschen als das Problem des *gegenwärtigen* Christus in einigen Strichen zu zeichnen. An dem positiven Gehalt eines solchen Versuches mag dann das Blech des Herrn Steffen selbst seinen falschen und schlechten Glanz offenbaren.

Rudolf Steiner analysiert und beschreibt in seinem Hauptwerk „Die Philosophie der Freiheit" (1894) die Erkenntnis des Christus-Bewusstseins. Wir sprechen daher im Hinblick auf dieses Werk von der Erkenntnis, die Christus in der Gegenwart stiftet. Was Rudolf Steiner in der ersten Hälfte seines Lebenswerkes in der theoretischen Sphäre als Begriff der Erkenntnis aufstellt, musste sich als Lebenspraxis erst existenziell bewähren, um *für uns* zur Existenzfrage zu werden. Als die existenzielle Bewährung des Begriffs der Erkenntnis als Christusbewusstseins und als die existenzielle Bewährung des Begriffs des Übersinnlichen Menschen gewahren wir das Dasein des *WESENS ANTHROPOSOPHIE*. Das Gewahrwerden dieser vollkommensten Idee – in ihrer Einheit als Idee des Erkennens und als Idee des Übersinnlichen Menschen – vollzieht sich für uns in einer Situation des KARMA. Hieraus erfließen Konsequenzen für unser theoretisches Bewusstsein.

Unser Problem hat daher zu lauten:

Die Karma-Orientierung der Erkenntnisfrage als Gottesfrage.

Wir sehen die gegenwärtige philosophische Arbeit kreisen um die zentrale Frage: Was ist der Mensch? Dieses Umkreisen der Frage ist noch kein Fragen. Philosophie schließt überhaupt die produktive Menschen-Frage aus, wenn sie nicht den Grundsatz anerkennt, dass die echte Frage (nach dem Wesen des Menschen) die notwendige *Folge* der antizipierten Antwort ist. Es gibt keine Erkenntnis als *Verantwortung*, die etwas anderes sein könnte als die Ableitung ihrer Frage aus der Antwort.

Man ist bereit, als die ethische Vollkommenheit des Menschen seine Verantwortung zu sehen. Man wird trachten müssen, die Menschenfrage, darin der Frager und der Gefragte Einer ist, als die Frage zu sehen, welche die *Vollkommenheit* des Menschseins an sich selbst stellt.

Die Karma-Orientierung der Erkenntnisfrage

(Zur aktuellen Lage der anthroposophischen Bewegung)

Genug der Destruktion !

Rudolf Steiner gab durch die Weihnachtstagung 1923 der Allgemeinen Anthroposophischen Gesellschaft diejenige Form, von der wir annehmen *wollen*, dass sie deswegen geschaffen wurde, weil sie vom KARMA der in der Anthroposophischen Gesellschaft versammelten Anthroposophen gefordert wird.

Heute gibt es unter Anthroposophen Eigenwillige, die sich anscheinend zutrauen, dasjenige besser zu machen, was Rudolf Steiner zu Weihnacht 1923 – der absurden gedanklichen Konsequenz ist nicht zu entgehen – mithin schlecht gemacht hätte. Zu dieser Situation wird im Folgenden Stellung genommen.

Es handelt sich heute im Grunde, wenn man durch Vordergründiges und Oberflächenhaftes durchstößt, ganz einfach um die Frage: Sind die von Rudolf Steiner geschaffenen Tatsachen (esoterischer Fünfer-Vorstand, Einheit des Wirkens dieses Vorstandes) auch heute Verpflichtungen oder sind sie es nicht.

Wer es wagen will, diese eindeutige Frage zu verneinen, möge es mit Gründen tun. Er sei sich aber bewusst, dass er sich damit eine Fähigkeit anmaßt, die für uns bisher an den Namen Rudolf Steiners geknüpft war, nämlich die Fähigkeit, Former des gesellschaftlichen Karma der Anthroposophen zu sein.

Da ein solcher Versuch offensichtlich unter Besonnenen nicht zu diskutieren ist, scheint es sachdienlicher, einige gedankliche Anstrengung zu wenden an das Verständnis der karmischen Situation von Verantwortungsbewussten innerhalb der Erkenntnisgemeinschaft der Anthroposophen.

Am 24. Dezember 1933 Karl Ballmer.

Die Karma-Orientierung der Erkenntnisfrage

Wir sehen die philosophische Arbeit kreisen um die zentrale Frage: Was ist der Mensch? Dieses Umkreisen der Frage ist noch kein Fragen. Philosophie schließt überhaupt die produktive Menschen-Frage aus, wenn sie nicht den Grundsatz anerkennt, dass die echte Frage (nach dem Wesen des Menschen!) die notwendige *Folge* der antizipierten Antwort ist. Es gibt keine *Verantwortung*, die etwas anderes sein könnte als die Ableitung der Frage aus der Antwort.

Man ist bereit, als die ethische Vollkommenheit des Menschen seine Verantwortung zu sehen. Man wird trachten müssen, die Menschenfrage, darin der Frager und der Gefragte Einer ist, als die Frage zu sehen, welche die *Vollkommenheit* des Menschseins an sich selbst stellt. Man rückt die Menschenfrage selbst unter den Gesichtspunkt der Verantwortung, indem man in der Vollkommenheit die Möglichkeit der Verantwortung, das ist die Möglichkeit der Vorwegnahme der Antwort vor der Frage sieht.

Der hohe Gewinn aller älteren Theozentrik besteht in der Ableitung der unvollkommenen Gestalt des Weltinhaltes aus dessen Vollkommenheit. Nun ist die Zeit gekommen der Überwindung der Theozentrik durch eine originäre Anthropozentrik.

Der Sieg der neuen Anthropozentrik über die Vergangenheit ist wohlfeiler nicht zu haben als durch die Usurpierung des Prinzips der Vollkommenheit.

Wir sehen die philosophische Arbeit an der Menschenfrage sich kreuzen mit der Aufgabe der Liquidierung des Theismus. Der Erfolg beider Aufgaben bedingt die Restituierung und Erhöhung des Ursprungs unserer christlichen Existenz in einem autonomen *erkennenden* Bewusstsein („Christusbewusstsein"). Die Distanzierung dieser letzteren Aufgabe gegen die Ich-Philosophie der deutschen Klassik ist in dem folgenden Satze ausgesprochen: „In dem Augenblicke, wo die Seele sich aufrafft zu der Tat, das *Sein* sich selbst beizulegen, kann sie gar nicht anders als sich zurückführen auf den *historischen Christus Jesus*." (Rudolf Steiner)

Nach der Theozentrik besteht nur in der Vollkommenheit die Kongruenz von übersinnlichem *Wesen* und faktischer *Existenz*. Angemessen verantwortlich heute nach dem Menschen fragen heißt mithin: nach der Vollkommenheit desjenigen Menschen fragen, dessen Wesen seine Existenz ist.

Die unberufenen Ankläger des deutschen Geistesimpulses, der *diese* Frage mit Notwendigkeit aus sich hervortreibt, vermeinen in der Analyse dessen, was *sie* „Existenz" nennen, den Frageansatz nach dem Menschsein zu gewinnen. Ihr Gewinn ist ein noch immer theologisch motiviertes Schielen nach einem Jenseits und „Nichts" (vgl. Martin Heidegger, Was ist Metaphysik?), von welchem „Nichts" nur gesagt werden kann, dass es das Wesen des übersinnlichen Menschen potentiell nicht enthält.[1] Der Inhalt dieses Schielens ist das existentielle Ur-

1 Heidegger stellt die Frage nach dem strengen Was und Wesen des übersinnlichen Menschen ebensowenig, wie Kant die Frage nach dem *Was* der Erkenntnis gestellt hat. – Gegen Kant erhebt Rudolf Steiner den Vorwurf: „Kant hat den landläufigen Begriff des Erkennens angenommen und nach seiner Möglichkeit gefragt... Man wird aber so lange über die Möglichkeit der Erkenntnis nichts ausmachen können, als man die Frage nach dem *Was* des Erkennens nicht selbst beantwortet hat. Damit wird die Frage: *Was ist das Erkennen?* zur ersten der Erkenntnistheorie gemacht."

erlebnis der „Angst“. *Wir* begründen aus der Seinsidentität von Wesen und Existenz, nach der Methode eines höherentwikkelten Thomismus, unsere Idee des Vollkommenen – und hoffen an diesem Vollkommenen als das spezifisch christliche Existenz-Erlebnis die *Devotion* zu gewinnen, das ist die Aufgeschlossenheit für die Wahrheit des Christus-Bewusstseins.

Wenn die gegenwärtige philosophische Arbeit an der Menschenfrage einen positiven Gewinn gebracht hat, so ist es die Einsicht, dass sich der Begriff des Menschen an dem Begriff des Erkennens auszurichten hat. Die unverdorbene Grundfrage der Erkenntnistheorie „Was ist das Erkennen?“ enthält zugleich die Frage „Was ist der Mensch?“. Es gibt realiter so viele Missformen und Abarten des Menschen, als es missglückte Versuche gibt, den Begriff der Erkenntnis aufzustellen und zu realisieren.

Diese Einsicht wurde von Rudolf Steiner in der entschiedensten Weise vor fünfzig Jahren vertreten: „Die Beantwortung der Frage: ‘Was ist Erkennen?’ hat uns über die Stellung des Menschen im Weltall aufgeklärt.“ – „So ist die Erkenntnistheorie zugleich die Lehre von der Bedeutung und Bestimmung des Menschen und sie löst diese Aufgabe [von der ‘Bestimmung des Menschen’] in viel bestimmterer Weise als dies Fichte am Wendepunkte des 18. und 19. Jahrhunderts getan hat. Man gelangt durch das Buch dieses starken Geistes durchaus nicht zu jener vollen Befriedigung, die uns durch unsere Erkenntnistheorie werden muss.“ (Einleitung zu Goethes Naturwissenschaftlichen Schriften)

Was Rudolf Steiner in der ersten Hälfte seines Lebenswerkes in der theoretischen Sphäre als Begriff der Erkenntnis aufstellte, musste sich als Lebenspraxis erst existentiell realisieren, um *für uns* zur Existenz-Frage zu werden.

Als die existenzielle *Bewährung* des übersinnlichen Begriffs der Erkenntnis und des übersinnlichen Menschen gewahren wir das existenzielle Dasein des WESENS ANTHROPOSOPHIE.

Das Gewahrwerden dieser vollkommensten Idee in der Wirklichkeit vollzieht sich für uns in einer Situation des KARMA. Hieraus erfließen Konsequenzen für unser theoretisches Bewusstsein.

Die Frage nach dem Wesen der Erkenntnis muss heute – von uns – anders gestellt werden, als sie Rudolf Steiner in den achtziger Jahren des 19. Jahrhunderts gestellt hat. Es hieße die von Rudolf Steiner geschaffene Erkenntnis- und Tatsachenwelt unterschätzen, wollten wir uns auf die einfache Wiederholung von Rudolf Steiners erkenntnistheoretischen Grundgedanken beschränken. Nicht etwa der Ideengehalt der Erkenntnislehre Rudolf Steiners steht in Frage, wohl aber deren Konsequenz *für uns* und damit das *Wie* unseres Fragens, das wir ausdrücklich zu *unserem* Fragen machen.

Das entscheidend Neue für uns ist dies, dass wir alles Wissen und alle Wissensproblematik – und damit das Erkenntnisproblem selbst unter den Gesichtswinkel des KARMA zu rücken haben. Die Andersheit und Besonderheit *unseres* Fragens nach dem Wesen der Erkenntnis besteht darin, dass wir die Erkenntnis Rudolf Steiners als die faktische *Voraussetzung* unseres Fragens wissen. Diese Voraussetzung ist nicht akademisch-theoretischer Art, sondern von karmischer Realität, d.h. sie besagt, dass wir unser Problem aus dem Bewusstsein unseres Darinnenstehens in einer konkreten karmischen Situation ergreifen. Wenn die überraschende Behauptung gewagt werden darf – und sie darf und muss gewagt werden –, so müssen wir geradezu sagen: „Voraussetzungslos“ im Sinne der strengen Forderung des Erkenntnistheoretikers Steiner wird unsere Erkenntnistheorie nicht sein; sie will vielmehr ausdrücklich voraussetzen die Erkenntnistat einer bestimmten historischen Persönlichkeit.

Indem wir die theoretische mit der karmischen Einstellung vertauschen, vollziehen wir eine prinzipielle Komplizierung der bekannten Haltung, die dem Theoretiker des neunzehnten Jahrhunderts als die einzig sachgemäße und mögliche erscheint. Bei dieser bewussten Komplizierung wollen wir nicht übersehen, dass zwar schon der Begriff der Theorie im anthroposophischen Zusammenhang einen anderen Inhalt hat als in den Abstraktionen der akademischen Schulen. Der Erkenntnistheoretiker Rudolf Steiner nämlich erleichtert uns das Fortschreiten von lebensferner theoretischer Abstraktion zu lebengesättigtem Karma-Bewusstsein, weil seine Erkenntniswissenschaft „ein Teil des Lebens selbst“ ist. Der Erkenntnisvorgang in Rudolf Steiner ist selbst „ein Glied in der Gestaltung der Wirklichkeit ... Die Welt ist nicht abgeschlossen, ohne dass erkannt wird. Im Erkennen schafft der Mensch nicht nur für sich allein etwas, sondern er schafft mit der Welt zusammen an der Offenbarung des wirklichen Seins.“

Indem wir die Erkenntnis Rudolf Steiners zur Voraussetzung erheben für unser Erkenntnisfragen, setzen wir demnach nicht eine Theorie voraus, sondern wir orientieren uns, aus unserer karmischen Situation heraus, auf einen bedeutsamen Brennpunkt der Welt-Wirklichkeit selbst. Dies ist der einzigartige Sinn unserer Neuorientierung. Dieser Brennpunkt der Welt-Wirklichkeit ist für uns, obzwar Rudolf Steiner vor bald neun Jahren den physischen Plan verließ, kein bloß „historisches Ereignis“. Wir unterscheiden von der historischen Welt streng die karmische.

In der *historischen* Erkenntnis wird die zeitüberwindende Kontinuität mit einem in der Vergangenheit geschehenen menschlich-persönlichen Ereignis hergestellt durch die *denkende* Betrachtung. In der *karmischen* Sphäre dagegen verbindet sich der einzelne Mensch mit einem zeitlich früheren Ereignis menschlich-persönlicher Art nicht durch das Denken allein, sondern mit seiner vollen Existenz *als ganzer Mensch*. Dies wird dadurch möglich, dass ich in der Erkenntnistat eines Früheren die Realisierung und Offenbarung meines eigenen Zieles und meiner eigenen Bestimmung *als Mensch* sehe und indem ich in den lebensvollen Konsequenzen dieser Tat eines Früheren das Lebensgebiet finde, das mir ermöglicht, in mein individuelles Karma dadurch Sinn und Gestalt hineinzuwirken, als ich es ausrichte an der wahrzunehmenden Wirklichkeit des Menschseins.

Es kann die objektive Verehrung, die Einer Rudolf Steiner entgegenlebt, für seine gegenwärtige vollmenschliche Existenz *konstitutiv* sein und fällt eben deswegen in die *karmische* Sphäre, denn ich muss als Karma ansprechen, was den Kern meines tiefsten Wesens mit-*verursacht* und was nicht identisch ist mit *meinem* Ich. Das kausierende Wesen kann mich nicht unfrei machen, wenn ich es wissend dennoch als „Ich" postuliere und in meine eigene Verantwortung aufnehme. Das Betätigungsfeld meiner möglichen „Freiheit" wird allerdings scharf umgrenzt; es ist zunächst nicht die Welt, sondern ist konkret der Lebensbereich der Gemeinschaft der um die Gewahrung des WESENS ANTHROPOSOPHIE ringenden Anthroposophen in deren gegenseitigem Aufeinanderangewiesensein.

Es wird nie möglich sein, das angedeutete Verhältnis gegenwärtiger Menschen zu einem früher geschehenen Ereignis, welches Verhältnis sich in der Karma-Sphäre gestaltet, mit den Kategorien des *historischen* Denkens und Erkennens zu verstehen.

Der Sinn unserer Hinorientierung auf die Karmawelt hinsichtlich der Erkenntnis- und Menschenfrage kann verdeutlicht werden, indem wir aufzeigen, dass die Annahme einer karmischen Gebundenheit für den Erkenntnistheoretiker Steiner selbst eine Unmöglichkeit ist. Rudolf Steiner hat zwar seine Erkenntnistheorie zuerst an der Natur- und Gotteserkenntnis *Goethes* entwickelt, und es war zweifellos eine Frage des Karma, ob dies geschah. Das hier in Frage stehende Karma betrifft aber das Karma des Ur-Wesens der Welt, das wir als Anthroposophen mit dem Ur-Wesen des Menschen in inniger Beziehung wissen. Es muss eingesehen werden, dass das Verhältnis Rudolf Steiners – als Erkenntnistheoretiker – zu Goethe in der Karmasphäre genau die Umkehrung ist unseres Verhältnisses zu Rudolf Steiner, und dass Goethe sich in der gleichen Lage befindet wie wir, nämlich in der Situation eines Schicksals, dessen Subjekt das Ur-Wesen ist, das in Rudolf Steiner mit der Realisierung und Offenbarung des Wesens der Erkenntnis zugleich die Bestimmung des Menschen-Wesens vollzieht. Das menschliche Urwesen erleidet in Goethe das Schicksal, zwar zu Anschauungen über die Ur-Pflanze, zu Vorstellungen über das Ur-Tier zu gelangen, nicht aber zur Anschauung des Ur-Menschen.

An den kaum mehr als zwanzigjährigen Rudolf Steiner trat *von außen* die Aufgabe, an der Herausgabe der naturwissenschaftlichen Arbeiten Goethes philosophisch mitzuwirken. Diesem von außen Kommenden entspricht *von innen* die Befähigung Rudolf Steiners, den Erkenntnisleistungen Goethes ihre objektive Weltbedeutung zu geben. Das eben ist das Eigentümliche der Karmawelt, im Gegensatz zur Welt des „Seins“, von der die Philosophen sprechen, dass in ihr die handelnde Persönlichkeit und ihre physisch-geistige Umwelt als einheitliche Totalität zusammenstimmen.

Treffend kennzeichnet Hermann Poppelbaum die Aufgabe der Ganzheitsauffassung: „Man spannt gewöhnlich den Umkreis dessen, was zu einem Menschen ‘gehört’, viel zu eng. Man sieht schon seine Körperlichkeit so an, als ob sie ohne ihre nähere oder weitere Umgebung existieren könnte, und doch gehört diese zu ihm wie jede Faser des Leibes. Aber noch mehr: nicht nur die Umgebung trägt diesen Stempel der Zugehörigkeit zu einem bestimmten Ich, sondern bei näherem Betrachten gehört auch jedes Zusammensein mit Menschen, dauerndes oder vorübergehendes Zusammenleben und Umgang, im weiteren Sinne sogar jegliches Erlebnis zu einer geheimnisvollen Gesamtheit, die für einen bestimmten Menschen ebenso bezeichnend ist wie nur irgend eine körperliche Eigentümlichkeit. Am Beispiele bedeutender Gestalten wird es am deutlichsten." (Mensch und Tier. Fünf Einblicke in ihren Wesensunterschied, Basel 1928)

Es genügt nicht, zu sehen, dass die erste Periode des Erkenntnisschaffens Rudolf Steiners karmischen Bezug aufweist zur Erkenntnispraxis Goethes; das Verhältnis Steiners zu Goethe nötigt uns vielmehr, jetzt auf den Ort zu deuten, wo das Karmische, in einer gewissen Vollendung seines Wesens, zugleich das Geschehen der *Freiheit* ist. Freiheit im streng philosophischen Sinne kann notwendig nur Freiheit des Ur-Wesens sein.[2] Wie Freiheit und Karma zugleich nebeneinander bestehen können, wie das Verhältnis von Freiheit und Karma richtig zu denken ist, das kann aus einer Bemerkung hervorgehen, die Rudolf Steiner selbst über das Verhältnis seiner Erkenntnistheorie zur Weltanschauung Goethes macht, im Vorwort zu seiner erkenntnistheoretischen Hauptschrift „Wahrheit

2 Es gehört zu den verantwortungsreichsten anthroposophischen Aufgaben, diesen entscheidenden Gesichtspunkt auf das Hauptwerk Rudolf Steiners „Die Philosophie der Freiheit" anzuwenden. Der Titel dieses Werkes enthält ausdrücklich den Anspruch, nicht irgendeine, sondern *die* Philosophie der Freiheit anzuzeigen. Das Buch macht die Möglichkeit des freien Willens abhängig von der Selbsterkenntnis des Ur-Wesens, das sich zu demjenigen erkennenden Bewusstsein (Christus-Bewusstsein) erhoben hat, das in der „Philosophie der Freiheit" beschrieben wird.

und Wissenschaft, Vorspiel einer Philosophie der Freiheit" (1891): „Ich habe meine philosophischen Anschauungen bisher immer anknüpfend an die Goethesche Weltanschauung dargelegt, in die ich durch meinen über alles verehrten Lehrer Karl Julius Schröer zuerst eingeführt worden bin, und der mir in der Goetheforschung so hoch steht, weil sein Blick immer über das Einzelne hinaus auf die *Ideen* geht. – Mit dieser Schrift hoffe ich nun aber gezeigt zu haben, dass mein Gedankengebäude eine in sich selbst begründete Ganzheit ist, die nicht aus der Goetheschen Weltanschauung abgeleitet zu werden braucht." Nicht nur hinsichtlich des Ideengehaltes, sondern auch ihrer Entstehung nach hat die Erkenntnistheorie Rudolf Steiners ihre Ursache nicht in der Beschäftigung mit der Weltanschauung Goethes. Wir werden darüber aufgeklärt im Vorwort zur Neuausgabe (1923) der „Grundlinien einer Erkenntnistheorie der Goetheschen Weltanschauung". Dort sagt ihr Verfasser, dass *seine eigenen Gedanken* – in der Auseinandersetzung mit der Erkenntnistheorie Liebmanns, Volkelts, Eduard von Hartmanns u.a. – ihn zu einer Anschauung über das Wesen der Erkenntnis führten, die mit der Weltanschauung Goethes übereinstimmt. „Immer klarer wurde mir die Tatsache, dass mich meine eigene Anschauung in eine Erkenntnistheorie der Goetheschen Weltanschauung hineinstellte."

Wenn von der karmischen Beziehung des Erkenntnisschaffens Rudolf Steiners auf Goethe hier die Rede ist, so ist natürlich in keiner Weise an ein karmisches Verhältnis in dem Sinne gedacht, dass in persönlichen Beziehungen vergangener früherer Lebensläufe die Ursachen für die Beziehungen der beiden Individualitäten zu suchen wären. Die Berücksichtigung eines solchen (hypothetischen) Verhältnisses wäre für unseren Gedankengang völlig irrelevant. Dagegen ist die Feststellung wichtig, dass in die von Rudolf Steiner beherrschte Lebenstotalität von dem Goethe-Wesen dasjenige eingeht, was von *universeller* Bedeutung ist. Rudolf Steiner tritt gewissermaßen die Verantwortung an für den Beitrag Goethes an die Offenbarwerdung der Welt-Wirklichkeit. Rudolf Steiner schrieb eine Geist-Biographie Goethes (Goethes Weltanschauung, 1897). Das Buch enthält nichts über die Biographie Goethes im gewöhnlichen Sinne. Es beschreibt, im Rahmen großer geistesgeschichtlicher Zusammenhänge, Goethes Methode der Natur- und Gotteserkenntnis als den Schlüssel zum Verständnis seiner Weltanschauung, und es vermittelt mit der Schilderung des Erkenntnislebens Goethes eine einzigartige, unvergleichliche Offenbarung der Welt-Wirklichkeit.

Unsere vollzogene Umstellung von der rein theoretischen zur karmischen Betrachtungsart des Erkenntnis- und Menschenproblems verlangt eine grundsätzliche Klarstellung der Rolle der Persönlichkeit, denn in der Sphäre des Karma haben wir es praktisch und theoretisch mit der Erkenntnis von wirklichen Personen zu tun. Zunächst haben wir uns zu erinnern, dass das Persönlich-Individuelle und das Universelle keine sich prinzipiell ausschließenden Gegensätze sind. Darüber klärt uns mit der wünschenswerten Deutlichkeit das Kapitel „Persönlichkeit und Weltanschauung“ des Buches „Goethes Weltanschauung“ auf: „Dem einzelnen Menschen erscheint die Wahrheit in einem individuellen Kleide. Sie passt sich der Eigenart seiner Persönlichkeit an. Besonders für die höchsten, dem Menschen wichtigsten Wahrheiten gilt dies. Um sie zu gewinnen, überträgt der Mensch seine geistigen, intimsten Erlebnisse auf die angeschaute Welt und mit ihnen zugleich das Eigenartige seiner Persönlichkeit. Es gibt auch allgemeingültige Wahrheiten, die jeder Mensch aufnimmt, ohne ihnen eine individuelle Färbung zu geben. Diese sind aber die oberflächlichsten, die trivialsten... Die Wahrheit spricht im Innern der einzelnen Menschen verschiedene Sprachen und Dialekte; in jedem großen Menschen spricht sie eine eigene Sprache, die nur dieser Einen Persönlichkeit zukommt. Aber es ist immer dieselbe Wahrheit, die da spricht."

Wird das Persönlichkeitsproblem auf dieser Höhe gesehen, so können sich keine Schwierigkeiten ergeben hinsichtlich der *objektiven* Bedeutung des Individuellen; das Individuelle und Individuellste ist nie die Negation des Universellen. Unser agnostisches Zeitalter hat kein Verständnis für die Rolle der Persönlichkeit beim Zustandekommen der Wahrheit. In besserer Lage befindet sich die Erkenntnisgemeinschaft der Anthroposophen: zu ihren Gliedern wird von der universellen objektiven Wahrheit gesprochen als von der Individualität des „Wesens Anthroposophie". Es sind aber zugleich der anthroposophischen Arbeit, die um die Gewahrung des „Wesens Anthroposophie" ringt, besonders schwierige Aufgaben gestellt, die für eine exoterisch-theoretische Arbeit nicht vorhanden sind. Die Anthroposophische Gesellschaft steht unter dem Zwang und Druck solcher Fragen.

In einer jüngsten Bemühung um Probleme der Anthroposophischen Gesellschaft findet sich die Auffassung vertreten, dass Rudolf Steiner sein Wirken ganz von den objektiven Notwendigkeiten bestimmt sein ließ, und dass er durch seine Geisteswissenschaft eine „Erkenntnisgemeinschaft" begründet habe, „die in keiner Weise an seine Person gebunden ist".[3] Diese Auffassung ist nun ebenso richtig, wie sie einseitig ist. Sie ist richtig, insofern es gilt, die objektive Wahrheitsgeltung der Anthroposophie in allgemeiner Weise vor dem Forum der Zeit darzutun, aber sie ist eben einseitig und unzureichend, weil sie nicht erkennt, dass innerhalb der „Erkenntnisgemeinschaft" der Anthroposophischen Gesellschaft das Problem viel tiefer gefasst werden muss. Wenn wir in der Behandlung der Erkennt-

3 Siehe E. A. Karl Stockmeyer, Probleme der Anthroposophischen Gesellschaft und Wege zu ihrer Lösung. Privatdruck 1932.

nisfrage die Karma-Orientierung vollziehen und von unserer Hinorientierung auf Rudolf Steiner als einen Brennpunkt der Welt-Wirklichkeit sprechen, so liegt darin jedenfalls ein ganz anderer Sinn als in dem Satze E. A. Karl Stockmeyers, der von dem Gebundensein an die Person Rudolf Steiners spricht und dieses bestreitet. Die Lösung dieser Frage verschließt sich einer Behandlung durch die gewohnten Kategorien des wissenschaftlichen Denkens. Sie setzt das Umdenken von der theoretischen zur Karma-Orientierung voraus.

Albert Steffen ist auf das Problem des Persönlichen gestoßen in einem Aufsatz der Wochenschrift „Goetheanum", „geschrieben [1930] zum Geburtstag Rudolf Steiners am 27. Februar". Er fügt unserem Problem eine neue Seite hinzu, indem er nicht das Verhältnis der Individualität zur Wahrheit, sondern das Verhältnis des Persönlichen zur *Methode* der Wahrheitfindung beleuchten möchte. Das könnte deswegen belangvoll und fruchtbar sein, weil Anthroposophie als Erkenntnisweg nicht ein Weg für besonders befähigte Ausnahmepersönlichkeiten, sondern für „alle Menschen" ist. Steffen führt aus: „Eine Methode, die Gültigkeit für alle Menschen mit gesundem Verstand besitzen soll, kann nicht abhängig sein vom Schicksal eines Einzelnen, obwohl sie von einer in sich beruhenden Persönlichkeit geschaffen sein muss. Das heißt: sie sollte, trotzdem der Mensch, der sie fand, sein individuelles Schicksal hat, von diesem nicht beeinträchtigt werden ... Das ist aber ein hauptsächliches Merkmal geisteswissenschaftlicher Methodik im Sinne Rudolf Steiners." Diese Sätze treffen den Kern der Sache nicht. Die gegen Stockmeyer erhobene Restriktion gilt nicht minder gegen die unzureichende Fragestellung Steffens. Dass eine Methode der Wahrheitfindung (der Wahrheit in bezug auf das tiefere Wesen des Menschen) Geltung habe für „alle Menschen", ist an eine bestimmte Bedingung gebunden. Diese Methode ist dann möglich, wenn in der Christus-Karma-

Welt eine besondere menschliche Individualität sich zur Repräsentanz des Menschseins erhebt *und dadurch die Ursache für das Erkenntnis-Karma der andern Menschen wird*, sofern diese als Wissende und Erkennende die Aufgabe ihres Menschen-Zieles ergreifen. Das Gegenteil der Steffen'schen Ansicht ist also richtig: die anthroposophische Methode, die Gültigkeit für alle Menschen hat, kann nur die Folge davon sein, dass das ausgezeichnete Karma eines besonderen Einzelnen die Realität und Wahrheit des übersinnlichen Menschen, d. h. des „Wesens Anthroposophie" offenbar und erlebbar für „alle Menschen" macht. Der Schöpfer der Anthroposophie und Menschheitspädagoge „fand" nicht eine Methode, die schließlich auch ein anderer finden konnte. Die höchsten anthroposophischen Wahrheiten werden nicht begriffen, wenn sie nicht als die Schöpfungen ihres Schöpfers begriffen werden. An der anthroposophischen Methode, die mich als Schüler Rudolf Steiners angeht, bildet das Bewusstsein von der geistigen Gegenwärtigkeit des Schöpfers der anthroposophischen Wahrheit einen integrierenden Bestandteil der Methode selbst.

Gewiss ist die Methode, die Winkelsumme im Dreieck zu beweisen, nicht abhängig von dem persönlichen Schicksal jenes Einzelnen, der diesen Beweis zuerst erfand. Dafür handelt es sich bei einem solchen Beweis aber auch um eine allgemeingültige Wahrheit von der Art, die Rudolf Steiner zu den oberflächlichsten und trivialsten rechnet (vgl. oben S. 64). Die geisteswissenschaftlichen, die anthroposophischen Wahrheiten sind von höherer Art. Sie enthalten und betreffen den Kern des Menschen, der ein Ich ist. Auf dem Wege der Wahrheitfindung im höheren Sinne kann zutiefst nur ein konkretes Ich von einem wirklichen anderen Ich angesprochen werden. Reale Begegnung von Ich und Ich gibt es aber nur in der Sphäre des Erkenntnis-*Karma*.

In einem Zeitalter des Agnostizismus ist es notwendig, darauf hinzuweisen, dass der Inhalt eines Ich nicht in den „Privatverhältnissen" eines Menschenlebens liegt, sondern aus den Erlebnissen besteht, die aus der Aufgabe der Erfüllung der Menschen-Bestimmung erfließen.

Die anthroposophische Methode umgreift zwei verschiedene Aufgaben. Die erste ist eine Selbstdisziplinierung, durch die der Schüler in die Lage versetzt wird, den Anspruch der objektiven Ich-Gestalt des „Wesens Anthroposophie" zu vernehmen. Die zweite betrifft den eigentlichen Weg der anthroposophischen Wahrheitfindung. Dieser besteht zunächst in gar nichts anderem als darin, dass ich mir bewusst werde, in der „geistigen Welt" zu stehen, sofern ich die in Büchern und Vorträgen niedergelegten *Gedanken* des anthroposophischen Lehrers *nach-denke*. Diese Gedanken können mein allerpersönlichstes Erlebnis werden, dem ich ganz die Färbung meiner Individualität gebe, ohne dass ich deren objektive Qualität und Gültigkeit für alle Menschen antaste.

Es ist bekanntlich nicht die Absicht des anthroposophischen Lehrers, alle Menschen auf dem kürzesten Wege zu Geistesforschern zu machen; und über die gern berufene „anthroposophische Methode" – als Arbeitsmethode auf dem Felde der Karmagemeinschaft der Anthroposophen – sollte die dahingehende Verständigung getroffen werden, dass sie vorzüglich im verantwortungsvollen Assimilieren der *Gedanken* des Lehrers besteht. Es würde sich dann auch ergeben, dass man Gedanken, die man ernsthaft erarbeitet hat, *in der Welt vertreten* kann, was auch ein Teil anthroposophischer Methodik zu sein hätte.

Es muss Ernst gemacht werden mit dem, was als die karmische Orientierung der Erkenntnisfrage als Menschenfrage bezeichnet werden muss. Es muss Ernst gemacht werden mit dem Lehrsatz Rudolf Steiners, dass die höchsten und wichtigsten Wahrheiten das Gepräge einer menschlichen Individualität tragen *müssen*. Solche höchsten Wahrheiten sind für den Anthroposophen z.B. die Resultate der Karma-Forschung Rudolf Steiners. Gerade gegenüber diesen Resultaten tritt die „anthroposophische Methode", d.h. die Methode, wie wir als Schüler Rudolf Steiners Wahrheit finden, in besonders helles Licht. Die Resultate der Karma-Forschung, Mitteilungen über Vorverkörperungen historischer und zeitgenössischer Persönlichkeiten, beanspruchen Wahrheitsgeltung für „alle Menschen"; mitgeteilt werden konnten diese Wahrheiten aber nur einem ganz kleinen Kreise von Menschen, die durch lange Teilnahme an der Lehrtätigkeit Rudolf Steiners in sich das Vertrauen befestigen konnten, dass der Lehrer auch dort *objektive* Wahrheit statuiert, wo die besondere Wahrheit ihrem Wesen nach ein Verhältnis des intimsten Persönlichen des Lehrers zum intimsten persönlichen Kern jener anderen Menschen sein muss, die Objekt der Karma-Erforschung sind. Für Menschen, die nicht ihr allerinnerlichstes persönlichstes Vertrauen dem Geistesforscher entgegenzuleben vermöchten, wären die Resultate der Karmaforschung darum schlechterdings nicht mitteilbar. – Wir dürfen es uns also nicht bequem machen mit pseudowissenschaftlichen Argumentationen über das Nichtbeteiligtsein des intimsten Persönlichen, wenn es sich um die „anthroposophische Methode" handelt.

*

Die Erkenntnistheorie Rudolf Steiners erfüllt die Aufgabe, uns über die Stellung des Menschen im Weltall aufzuklären (vgl. oben S. 57) und betrachtet als zu dieser Aufklärung gehörig, die Bedeutung und den Wert des *menschlichen Handelns* zu beleuchten, das als ein „Handeln aus Erkenntnis" anzustreben ist. „Indem unsere Erkenntnistheorie zu dem Schlusse gekommen ist, dass der Inhalt unseres Bewusstseins nicht bloß ein Mittel sei, sich von dem Weltengrund ein *Abbild* zu machen, sondern dass dieser Weltengrund selbst in seiner ureigensten Gestalt in unserem Denken zu Tage tritt, so können wir nicht anders, als im menschlichen Handeln auch unmittelbar das unbedingte Handeln jenes Urgrundes selbst erkennen. Einen Weltenlenker, der außerhalb unserer selbst unseren Handlungen Ziel und Richtung setzte, kennen wir nicht." (Einleitungen zu Goethe)

Gegenüber dieser so beschriebenen Leistung der Erkenntnistheorie müssen wir uns klar werden, dass sie eine von jenen höchsten Wahrheiten ausspricht, die notwendig die Offenbarung einer Persönlichkeit besonderer Art sein müssen. Die Mitteilung einer derartigen Erkenntnis vermittelt ganz und gar nicht eine „allgemeine" Wahrheit. „Eine Philosophie [verstehe: Geisteswissenschaft] kann niemals eine allgemeingültige Wahrheit überliefern, sondern sie schildert die inneren Erlebnisse des Philosophen, durch die er die äußeren Erscheinungen deutet." (Einleitungen zu Goethe) – Wir tun recht, wenn wir den soeben ausgesprochenen Charakter der Erkenntnistheorie Rudolf Steiners als die Offenbarung einer Persönlichkeit nehmen und nicht vor der Konsequenz zurückschrecken, die uns notwendig in ein schicksalhaftes Abhängigkeitsverhältnis zu dieser Persönlichkeit führen muss, sofern wir das Mitgeteilte als wahr vor anderen Menschen vertreten wollen.

Wir brauchen das Mitgeteilte nur auf seinen Inhalt genauer anzusehen, um uns zu gestehen, dass es Anmaßung wäre, wollten *wir* für uns beanspruchen, dass wir in unserem Handeln „unmittelbar das unbedingte Handeln des Urgrundes selbst" erkennten. Rudolf Steiners selbst – in seiner voranthroposophischen Epoche – macht die Einschränkung, dass solches menschliche Handeln, „diese höchste Potenz seines [des Menschen] Daseins" – „mehr Ideal als Wirklichkeit" sei. Solche Überlegung hinsichtlich des Charakters der höchsten Wahrheiten lässt uns umso intensiver wertschätzen, wenn der Philosoph sich nicht in der Ätherhöhe des höchsten Erkennens isoliert, sondern für „alle Menschen" die *Methode* der Wahrheitfindung ausbildet und mitteilt: die anthroposophische Methode als Erkenntnis-Weg mit dem Ziel, den universellen Weltgeist als konkrete Ich-Gestalt anzuerkennen.

Wollen wir uns aus der erkenntnistheoretischen Mitteilung (Offenbarung) den Satz zu eigen machen, dass kein Weltlenker ist, der den Handlungen Rudolf Steiners Ziel und Richtung setzte, so müssen wir die Frage aufwerfen, *was* der Urgrund der Welt ist. Für die Antwort auf diese Frage finden wir in der anthroposophischen Literatur einen wertvollen Hinweis. In dem Bande „Aenigmatisches aus Kunst und Wissenschaft" (Anthroposophische Hochschulkurse, Goetheanum-Bücherei) referiert Walter Johannes Stein Vorträge, die er beim ersten Dornacher Hochschulkurs (1920) gehalten hat. Dort führt Stein aus: „Meine Totalwesenheit in ihrer Eingliederung in das Weltganze zeigt mir den Menschen und die Welt als die eine, selbe Wesenheit, deren Erscheinungsform die *Welt*, deren Wesensform der *Mensch* ist." Mit dem Satz stimmt die „Philosophie der Freiheit" (1. Ausgabe) überein: „Die Welt ist Gott."

Das Urwesen der Welt ist mithin nichts Unbestimmtes, sondern das Bestimmteste und Inhaltvollste, das wir überhaupt kennen: eben das Wesen des Menschen selbst als Gegenstand und Inhalt unserer Erkenntnis. Diese Einsicht ist als Fundament für unsere Interpretation der Erkenntnis- und Menschenfrage unentbehrlich. Sie ist aber auch aus dem Grunde bedeutsam, weil das recht verstandene Urwesen der Welt in Beziehung gebracht werden muss zum Urwesen der christlichen Religion – denn wir werden jede pantheistische Verflüchtigung unseres Urwesens abzuwehren wissen.[4]

4 Wir lassen uns insbesondere nicht beeindrucken von den Insinuationen des russischen Fideismus. Der russische Philosoph

Für das „Wesen des Menschen“, d.h. für den Begriff der Menschheit, ist die exoterische Philosophie so lange blind, als sie nicht das Erfordernis der Karma-Orientierung der Menschenfrage als Erkenntnisfrage einsieht. Die Menschheit, nach den Feststellungen des Goetheanismus, ist als „Allgemeines“ von eigentümlich besonderer Struktur. In Rudolf Steiners „Grundlinien einer Erkenntnistheorie der Goetheschen Weltanschauung“ (1886) lesen wir: „Es ist etwas ganz anderes, wenn man von einer allgemeinen Menschheit spricht, als von einer allgemeinen Naturgesetzlichkeit. Bei letzterer ist das Besondere durch das Allgemeine bedingt; *bei der Idee der Menschheit ist es die Allgemeinheit durch das Besondere*. Wenn es uns gelingt, der Geschichte allgemeine Gesetze abzulauschen, so sind diese nur insofern solche, als sie sich von den historischen Persönlichkeiten als Ziele, Ideale vorgesetzt wurden. Das ist der innere Gegensatz von Natur und Geist. Die erste fordert eine Wissenschaft, welche von dem unmittelbar Gegebenen, als dem Bedingten, zu dem Bedingenden aufsteigt; der letzte eine solche, welche von dem Gegebenen als dem *Bedingenden*, zu dem Bedingten fortschreitet. Dass das Besondere zugleich das Gesetzgebende ist, charakterisiert die Geisteswissenschaften; dass dem Allgemeinen diese Rolle zufällt, die Naturwissenschaften.“ Als Ergänzung müssen wir diesen Sätzen heute hinzufügen: Das Menschheitsgesetz als Gesetz und Offenbarung eines Besonderen als *bedingender* Kraft wirkt erkennbar nur in der

Berdjajew schreibt (Östliches Christentum, Bd. II, 1925): „Die Anthroposophie hebt den Menschen auf, wie die Theosophie Gott aufhebt. Beide haben nur das Recht, sich Kosmosophie zu nennen.“ Berdjajew besorgt hier das Geschäft von Kirchentümern, an denen wir desinteressiert sind. Die Erfüllung des Schicksals des russischen Platonismus ist entweder Rom (Solovioff) – und ist Tod, oder ist das *gute* Ende Platons, nämlich seine Rehabilitierung in Thomas von Aquino, Goethe und Rudolf Steiner.

Sphäre des Karma. Die Hinorientierung der Erkenntnisgemeinschaft der Anthroposophen auf die bestimmte Erkenntnistat als auf einen „Brennpunkt der Weltwirklichkeit" ist der adäquate aktuelle Ausdruck dieses Gesetzes.

*

Das Ur-Wesen, sofern es den übersinnlichen Menschen zur Erscheinung bringt, nennen wir das WESEN ANTHROPOSOPHIE.

Wir gewahren das Wesen nicht nur, wie es die Selbstverständigung mit seinem Bewusstsein vollzieht (Erkenntnistheorie), wir gewahren es auch in der Mitteilung (Offenbarung) des übersinnlichen Weltinhaltes (Anthroposophie).

Wir gewahren das Wesen nicht in der Weise, wie wir sonst ideelle Objekte wahrnehmen und erkennen. Wir sind innerlichst selbst dieses Wesen, aber nur insofern, als wir uns unseres Schicksalsbezuges auf den Schöpfer der Anthroposophie bewusst sind. Wir *sind* – als Glieder der Schicksalsgemeinschaft der Anthroposophen – das *Schicksal* des Wesens, von dem zwar *wir* berührt werden, nicht aber das in sich selbst beruhende Wesen selbst berührt wird.

Unsere Freiheitstat wird darin bestehen, dieses Schicksal dankbar zu bejahen. Nach einem Ausspruche Rudolf Steiners ist dort die größte Freiheit, wo wir das weltgesetzlich Notwendige aus Einsicht tun.

Unsere Beziehung zum Wesen ist mehr als theoretischer Art. Das Wesen wäre nicht Wesen, wenn es nur die Summe von Lehrinhalten wäre, die mitgeteilt werden könnten wie sonstige Lehrinhalte. Das Wesen ist *existenzielles* Wesen und unsere Beziehung zu ihm eine Existenzfrage im vollen Sinne des Wortes. Wir gewahren die Inhalte des Wesens, sofern wir uns selbst von dem wirkenden Wesen in Frage stellen lassen, nämlich sofern wir die Arbeit aufnehmen, unsere sittlich-geistige

Potenz aus der Orientierung an der Wirklichkeit des Wesens zu verlebendigen und zu steigern. Der Prozess der Gewahrung des Wesens ist der Prozess unserer Selbst-Erweckung.

Wir gewahren das Wesen nicht in der egoistischen Isolierung. Wir gewahren es in der Anerkenntnis, dass die Erkenntnisgemeinschaft der Anthroposophen ein Karma von solcher Art ist, welches die Auswirkung unseres individuell-persönlichen Karma erleichtert.

Wir gewahren das Wesen nicht in der Reflexion, sondern im Tun, denn das Wesen selbst ist die Idee nicht nur in ihrem Sein, sondern in ihrem erscheinenden Tätig-Sein, ist die „im Tun begriffene Ideenwelt".

Wir gewahren das Wesen im *verantwortungsbewussten* Tun. Unsere Verantwortung bestimmt sich aus der Aussöhnung und Harmonisierung unseres individuellen Karma mit dem Karma der Erkenntnisgemeinschaft.

Als Anthroposoph führe ich ein doppeltes Karma. Ich bin das Produkt meiner eigenen Vorleben, und ich bin Glied des Karma der Erkenntnisgemeinschaft der Anthroposophen. Diese beiden Seiten meines Wesens muss ich auseinanderhalten.

*

Unsere Methode, die Erkenntnistheorie unter den Blickpunkt des Karma zu rücken, streng konsequent durchgehalten, gelangt zur Feststellung, dass die Erkenntnistat des Lehrers und Initiators die Sphäre des Karma transzendiert. Die vollendet *wesentliche* Erkenntnis, als die „agierende Idee", hat als ihre Sphäre die Freiheit. Das Freiheit-Wesen des Erkennens ist die Ursache für das Schicksal des Urwesens der Welt. Wir berühren mithin die einzigartige Tatsache, dass Vollkommenes die Ursache von Unvollkommenem ist, und zwar von als Karma verstandenem Unvollkommenen. (Das Problem der Theodizee ist prinzipiell lösbar unter Anerkenntnis des Karma. Ohne diese Anerkenntnis bliebe die christliche Theologie weiterhin steril.)

Ich, der Einzelne in der anthroposophischen Erkenntnisgemeinschaft, bin das Urwesen in seiner Unvollkommenheit. Meine Unvollkommenheit, gemessen am Erkenntniswesen, ist eine Erkenntnisangelegenheit. Meine Unvollkommenheit als Erkennender ist real bedingt durch die Vollkommenheit des Erkenntniswesens. Unvollkommenes lässt sich nur aus Vollkommenem streng ableiten. Mein Schicksal als Angehöriger der Erkenntnisgemeinschaft wird von mir nicht erlitten, wie ich mein persönliches Karma, das die Folge meiner Vorleben ist, erleide: es hat vielmehr den positiven Inhalt einer bewusst ergriffenen Aufgabe. Das ergibt eine wichtige Differenzierung in der Idee des Karma: Es gibt Karma, das erlitten wird; von dieser Art ist mein persönliches Karma. Und es gibt Karma als wissende Einsicht, das von den Trägern des Karma *bewusst* mitgeschaffen wird; von solcher Art ist das Karma der anthroposophischen Erkenntnisgemeinschaft. Jeder Schritt in der Vervollkommnung dieser Erkenntnisgemeinschaft ist ein Akt der Anerkenntnis von deren Karma. Es wäre eine leere Phrase, wenn von der anthroposophischen Gemeinschaft gesagt würde, sie sei eine Freiheitsbewegung. Recht verstandene Freiheit führt die Glieder der Erkenntnisgemeinschaft zur wissenden Einsicht, dass diese Gemeinschaft ein von der Freiheitstat des Wesens Anthroposophie begründetes Karma ist.

Der Unterscheidung von erlittenem und wissend mitgeschaffenem Karma entsprechen zwei verschiedene Verhältnisse von Handeln und Erkennen. Mein in früheren Leben gegründetes Karma erleide ich. Indem ich in der Karmasphäre handle, handle ich nicht aus Erkenntnis. Das Objekt meines Tuns, die Tat, habe ich vor der Ausführung der Tat nicht als Idee gegenwärtig; die Idee der Tat bleibt für meine Erkenntnis im Unbewussten. Hätte ich die Fähigkeit der Karma-Erkenntnis, so vermöchte ich aus der vollbrachten Tat deren Idee in ähnlicher Weise zu entnehmen, wie man aus einem Naturobjekt oder Naturvorgang deren Gesetz erkennend entnimmt. Im individuellen Karma folgt also die Erkenntnis der vollzogenen Tat.

Anders ist das Verhältnis von Handeln und Erkennen für das Glied der anthroposophischen Erkenntnisgemeinschaft, sofern das ideale Objekt dieses Handelns die Tat des Wesens Anthroposophie ist. Hier herrscht die eigentümliche Tatsache, dass Erkennen und Handeln im strengsten Sinne nicht zu trennen sind. In der Erkenntnisgemeinschaft gibt es für den Einzelnen nur solches Wissen und Erkennen, das zugleich ein Aufwachen an den andern Gliedern der Gemeinschaft ist. Das Aufwachen ist weder Folge noch Voraussetzung des Wissens, sondern ist das tätige Wissen selbst.

Philosophie und Besseres
Ein Epilog

Dem 19. Jahrhundert nicht ungeläufig ist der Begriff der „Erkenntnisgrenzen". Schon *Kant* indessen, der sich zur Aufgabe gesetzt hatte, ein für alle Male der menschlichen Erkenntnis ihre Schranken anzuweisen, sah sich genötigt, zu den Resultaten seiner Kritik in eigentümlicher Weise Stellung zu nehmen, sofern er sich seiner als sittlicher Persönlichkeit bewusst war. Folgendes war das Resultat dieser Stellungnahme: Mag der Kern der Welt sich der Erkenntnis verschließen; sofern ich eine moralische Persönlichkeit bin, ist es in meine Freiheit gestellt, die innere Stimme zu vernehmen, durch die ich mich in Übereinstimmung weiß mit den Absichten der sittlichen Weltordnung. (Trivial an diesem Erlebnis ist, dass der kantische Dualismus die „innere" Stimme des „freien Sollens" aus dem „Jenseits" zu vernehmen wähnt.)

Diese Stellungnahme der sittlichen Persönlichkeit des Philosophen Kant zu ihren denkerischen Forschungsresultaten, die für eine unbefangene Betrachtung der Aufhebung dieser Resultate gleichkommt, legt die Frage nahe, ob Kant nicht dadurch überhaupt seine Aufgabe verfehlte, dass er nicht von vorneherein die Untersuchung des menschlichen Erkenntnisvermögens unter dem Gesichtspunkte einer moralisch-sittlichen Aufgabe vornahm, im Sinne etwa einer möglichen inneren Entwicklung dessen, was noch nicht ist. In der Tat vollbringt diese letztere Art der Fragestellung bereits am Begriffe der Erkenntnisgrenze eine beträchtliche Modifikation: Der Begriff der unbeantwortbaren Frage hat ein anderes Gesicht im *theoretischen* System und ein anderes vor der moralisch-*praktischen* Verantwortlichkeit. Eine einfache Überlegung kann dies zeigen: Stelle ich an einen Mitmenschen eine Frage, die ich selber zu beantworten nicht in der Lage bin, so überlasse ich dem anderen die Verantwortung für die mir zuteil werdende Einsicht. Gesetzt, ich sei *Pädagoge*, so werde ich mich hüten, meinen Mitmenschen, den Schülern, Fragen aufzugeben, die ich selbst nicht vorher beantwortet habe. Einen gesunden Sinn hat das Problem der Beantwortbarkeit oder Nichtbeantwortbarkeit einer Frage und damit das Problem der Erkenntnisgrenzen im Zusammenhang mit der Idee der *Verantwortung*.

Unter dem Blickpunkte der möglichen Läuterung und inneren Entwicklung des Erkenntnissubjektes betrachtet *Goethe* die Erkenntnisaufgabe des Menschen. Der Goetheschen Geistesart nicht angemessen ist die Trennung von Erkenntniswelt und sittlicher Welt. Goethe sucht die Annäherung der beiden von Kant getrennten Weltsphären. Und seine scharf gegensätzliche Stellung zu der Kantischen Weltanschauung kommt denkwürdig in seinen schönen Worten zum Ausdruck: „Wenn wir ja im Sittlichen durch Glauben an Gott, Tugend und Unsterblichkeit uns in eine obere Region erheben und an das erste Wesen annähern sollen: so dürfte es wohl im Intellektuellen derselbe Fall sein, dass wir uns durch das Anschauen einer immer schaffenden Natur zur geistigen Anteilnahme an ihren Produktionen würdig machen." Auf dem unentschiedenen Standpunkt Goethes konnte ja die Folgezeit nicht stehen bleiben. Worauf es ankommt, ist dieses: Dr. Rudolf Steiners Absicht, sofern er sich mit dem Erkenntnisproblem befasst, zielt – im denkbar schärfsten Gegensatz zu Kant und zur bloßen Philosophie überhaupt – auf „Verantwortung" des *aus Erkenntnis Handelnden*. Unter dem Erkennen selbst seiner Vollkommenheit nach aber versteht Rudolf Steiner eine schöpferisch zeugende Tätigkeit, die selber ein *Handeln* ist.[1]

1 Es ist die Prophetie der tiefsten Absichten des *deutschen Idealismus*, die auf die Aufgabe Rudolf Steiners hinweist. „Das älteste Systemprogramm des deutschen Idealismus" (herausgegeben in den Sitzungsberichten der Heidelberger Akademie der Wissen-

Aus dem exakten Begriff dessen, was wir als „Verantwortung“ im Sinne des „Erkenntnissystems Rudolf Steiner“ anstreben, begründet sich unsere Stellung zur bloßen Philosophie. Wir deuten diese an:

Man bemächtigt sich der Philosophie nicht um der Philosophie willen. Es ist die Absicht auf „Verantwortung“, welche das System der Philosophie als *bestimmtes* System der Weltordnung ins Auge fasst.

Die Besonderheit des Systems der Philosophie besteht darin, dass es ein *Abbilden* einer vorhandenen Welt ist. Das Prinzip der schöpferischen Weltverantwortung würde man verkennen, wenn man es nicht als *erzeugendes* Erkennen einer bislang nicht vorhandenen Wahrheit verstehen wollte.

In dem Vollinhalte der bloßen Philosophie liegt dasjenige nicht, was heute den Mutigen veranlassen kann, sich mit Philosophie zu befassen. Mag es wessen Ziel immer sein, in der Erkenntnis ein *Abbild* der Wahrheit zu suchen, des Mutigen Ziel und Aufgabe ist es nicht.

Philosophie sei, von keinem bezweifelt, eine Angelegenheit des *Menschen*, obzwar die Voraussetzung, dass als ausgemacht

schaften von Franz Rosenzweig), ein doppelseitig beschriebenes Blatt, im Jahre 1913 auf einer Versteigerung erworben, enthält diese Prophetie. Das Blatt rührt von *Hegels Hand*, ist die Abschrift eines Manuskriptes von *Schelling*, und Schelling selbst hatte – nach einem Besuche *Hölderlins* – festgehalten, was dieser von der Philosophie heiß ersehnte: Die gesamte Metaphysik falle künftig in die Moral – ein Gedanke, für den Kant nur ein erstes Beispiel gegeben, den er aber seinem Umfang und seiner Bedeutung nach noch nicht erschöpft habe. Das System der Ideen falle (da alle Ideen auf der Grundidee der Freiheit beruhen) mit dem System aller praktischen Postulate zusammen. Das erste dieser Postulate sei die Vorstellung von dem absolut selbstständigen Ich: aber zugleich mit dem freien, selbstbewussten Wesen tritt eine ganze Welt aus dem Nichts hervor. – (Vergl.: Ernst Cassirer, Hölderlin und der deutsche Idealismus, in „Idee und Gestalt“, 1921, Berlin, bei Bruno Cassirer, S. 129.)

gelten dürfte, was der Mensch sei, ebenso naiv ist als die Antwort-Versuche der Philosophen auf diese Frage belanglos sind. Daher ist die Frage, was der Mensch sei, als Philosophenfrage überhaupt absurd; deswegen, weil die erzeugende Antwort nicht in das Feld der bloßen Philosophie fällt.

Ein anderes ist das erkennende Abbilden der Wahrheit, ein anderes die Erzeugung der Wahrheit. Das erste hat zum Inhalt die Theodizee oder die Rechtfertigung Gottes. Vor wem? Vor dem „Menschen"? – Das zweite zerschmettert den philosophischen Dünkel und die menschliche Anmaßung und ist der *Richter* und dessen vollstrecktes Urteil der Mensch.

Zwar droht bereits die richtige Fragestellung, nach dem Sinn des Menschen[,] die bloße Philosophie aus den Angeln zu heben. Die Grundstruktur der bloß philosophischen Wahrheit ist ihre Dinglichkeit, Washeit, Unpersönlichkeit. *Was* der Mensch sei, muss die Philosophie fragen und muss durch diese Frage das Mysterium des Ursprunges des Menschen korrumpieren, der schlechthin Ursprünglichkeit und keine bloße Washeit ist.

Auf der Grenzscheide zwischen der „objektiven" philosophischen Wahrheit und Besserem inaugurieren wir das Prinzip der inhaltvollen Fragestellung. Nicht soll gefragt werden bloß, *was* der Mensch sei; gefragt soll werden z.B., ob Goethe die Vollendung des Menschen sei. Auf der Spur nach dem Sinn des Menschenwesens haben wir zumindest zu fragen: *WER* der Mensch sei. In diesem einzigeinmaligen „Wer" suchen wir das Einheitsprinzip der geistigen Welt und das Fundament, das die Welt der philosophischen Universalia (der konkreten Ideen) *trägt*.

Nach dem „Wer" der „Vernunft" in diesem Sinne zu fragen, war für Aristoteles und die Griechen kein Anlass. Die unvergleichlich weltbedeutsame Entdeckung der Griechen als der Schöpfer der Philosophie war diese, dass die Weltordnung auf einem Prinzipe fuße, das ein Verstand ist nach der Art desjenigen, der im Menschen wirkt. Es ist die Entdeckung der „allgemeinen Weltvernunft"; sie hat als Hypothese ihren Dienst getan und verlangt heute – unter dem Zwange der modernen Naturwissenschaft – Ersatz durch Besseres. Dieser Entdeckung wegen durfte Aristoteles deren Urheber, den Anaxagoras, einen Nüchternen unter Trunkenen nennen. Und von dieser Entdeckung sagt *Hegel*: „Dieser Gedanke frappiert uns nicht, wir sind dergleichen gewohnt und machen uns nicht viel daraus. Von Anaxagoras hat Sokrates diesen Gedanken aufgenommen, und er ist zunächst mit Ausnahme Epikurs, der dem Zufall alle Ereignisse zuschrieb, der herrschende geworden." Hegel selbst herrscht durch diesen Gedanken: „Der einzige Gedanke, den die Philosophie mitbringt, ist der einfache Gedanke der Vernunft, dass die Vernunft die Welt beherrsche, dass es also auch in der Weltgeschichte vernünftig zugegangen sei." (Hegel, Vorlesungen über die Philosophie der Geschichte, Reclam S. 42). Auf die Entdeckung des Anaxagoras weist Hegel hin, „um bemerklich zu machen, dass die Geschichte lehrt, dass dergleichen, was uns trivial erscheinen kann, nicht immer in der Welt gewesen, dass solcher Gedanke vielmehr Epoche in der Geschichte des menschlichen Geistes macht". Nach dieser Epoche des menschlichen Geistes, so müssen wir sagen, gegenüber Hegel, hebt in „Wahrheit und Wissenschaft"[2] eine neue Epoche an. Den menschlichen Geist suchen wir allerdings nicht aus der „Geschichte" dieses Geistes zu erfassen; wir erwarten umgekehrt, dass aus dem Geiste des *Offenbaren Menschen*[3]

2 „Wahrheit und Wissenschaft", die erkenntnistheoretische Fundamentalschrift Dr. Rudolf Steiners; 2. Aufl. 1925, Dornach.

3 Über das „Prinzip der Offenbarung" im Erkenntnissystem Rudolf Steiners vgl. des Verfassers „Rudolf Steiner-Blätter", Heft I und II; Verlag der „Rudolf Steiner-Blätter", Hamburg 24, Lübeckerstr. 4

Licht falle auf das ungeklärte Wesen der „Geschichte“. Wenn die Vernunft in der Welt herrscht, so herrscht sie *durch* den Menschen. Ist im System Thomas’ von Aquin der Mensch dasjenige, *wodurch* Erkenntnis der Wahrheit geschieht, so garantiert auch das Erkenntnissystem Rudolf Steiners dem Menschen diese zentrale Stellung, aber es erhöht den Menschen, indem es das durch diesen Bewirkte als die Wahrheit selbst an Stelle des bloßen Abbildes der Wahrheit weiß. – Der Anaxagoräische Nus ist nicht der Mensch selbst. Die Wahrheit im System des Nus gründet nicht in der Verantwortung des einzelnen Menschen, sondern angeblich in sich selber. Noch fremd ist dem Griechen dasjenige, was wir als die Verantwortung der einzigeinmaligen menschlichen Individualität suchen, die niemals „entdeckt“ werden könnte, wenn sie sich nicht selbst hervorbrächte. Wie könnte daher die Vernunft der Griechen und der Philosophen das Instrument der Wahrheit-*Erzeugung* sein. Aristoteles sagt es uns deutlich, dass dem Philosophen nicht die Hervorbringung obliegt: „Die Wissenschaften wurden erfunden, da wo der Mensch Muße hatte. Als so ziemlich alles zur Bequemlichkeit und zum Genuss des Lebens Nötige schon vorhanden war, da begann man um Wissenschaft sich zu bemühen. Dass dieselbe keine hervorbringende Wissenschaft ist, kann man an denen sehen, die zuerst philosophiert haben. Denn aus Verwunderung fingen die Menschen, wie jetzt so auch früher, an, zu philosophieren.“ – Die Griechen stehen vor dem Geheimnis; das Erstaunen ob dem Geheimnis ist der Genius der Erfinder des vernünftigen Geistes; aber die Griechen stehen vor dem Geheimnis als das, was sie ewig sind: als Kinder. In anderer Weise wird die Zukunft vor dem Geheimnis stehen. Es ist *unser* Geheimnis. Wir würden uns nicht mit Philosophie befassen, wenn uns nicht geistige Fakten überphilosophischer Art dazu drängten. Vor dem Geheimnis stehen wir außer in Verwunderung: in Verantwortung.

Was dem Aristoteles und den Griechen nicht obliegen konnte, das machte in der Neuzeit *Fichte* zum Anlass bedeutsamer Bemühungen, indem er den Weg beschritt, an dessen Ende die Wahrheit als Verantwortung erstehen wird. Fichte dekretierte demjenigen, was wir die „inhaltvolle Frage" nennen, die *Gestalt* des *„Ich"* zu. In die Irrtümer Fichtes werden wir nicht verfallen. Fichte war sich klar, dass die gesunde Frage nur aus der Herrschaft über die Antwort erfließen kann. Aber das Einheitsprinzip, in dem Antwort und Frage sich durchdringen, musste er *notwendig* verfehlen; nicht nur deswegen, weil er dieses – eine Unmöglichkeit – auf dem Felde der Philosophie suchte, sondern mehr noch deswegen, weil diejenigen Tatsachen des Geistes, die den Ausgangspunkt des überphilosophischen Systems begründen, der nachfichteschen Epoche angehören. Weil Fichte fürchtete, die Tathandlung seines „Ich" als der Antwort Ursprung möchte ein Sprung ins Leere sein, statuierte er die leere Negation eines gegenständlichen „Nicht-Ich" und verschloss sich dem *andern Ich*. Wir aber auf der Grenzscheide suchen den archimedischen Punkt als das *andere Ich, in welchem sich die „Gegenständlichkeit" des Anderen zu meiner eigenen Verantwortung erheben will.* Über das System der „objektiven" Wahrheit hinaus suchen wir das System der Verantwortung. Denn so gewiss die Antwort auf die Frage „*Wer* ist der Mensch" nicht in das System der Philosophie eingeht, so gewiss mag unser Weg den Blick schulen für ein grundsätzlich anderes System der Weisheit, dessen methodisches Prinzip hinausgreift über die Erwahrung der Objektivität.

Über der Pforte zu Besserem steht der Satz Rudolf Steiners: „Die Wahrheit ist ein freies Erzeugnis des individuellen Menschen." Vor diesem Satze wird der Beruf des Philosophen der Gegenwart zum Erlebnis eines Seelen-*Schicksals*. Als erkennende Seele Schicksal erleben aber heißt: die Verantwortung für das in der Seele Erkannte in ein Nicht-Seelisches oder Außer-

Seelisches verweisen müssen, das in sich selber gründet und der individuell-persönlichen Verantwortlichkeit nicht bedarf. Härter aber ist die moderne individuelle Seele nicht zu treffen, denn just dies ist ihr innerster Nerv und ihre intimste Eigentümlichkeit: Veranlagung und Wille zur Verantwortung zu sein. Es liegt nicht an der Seele, es liegt an der Methode des philosophischen Erkennens, dass die Seele ihre freie Bestimmung nicht erfüllen kann. Nicht die Selbsterhebung der Seele zum „Weltgrund“ heißt philosophisch Wahrheit, sondern die Beziehung der geschöpflichen Seele auf das sie erschaffende Außer-Seelische.

Die Verantwortungslosigkeit der Seele als Schicksal zu begreifen, war für den Griechen nicht gegeben. Sokrates hätte in der Seele des Anderen seine eigene Seele suchen müssen, um die Unmöglichkeit, die eigene Verantwortlichkeit in dem Anderen zu finden, als Tragik zu erleben. Sokrates aber suchte nicht in dem Anderen Sich, sondern in Sich und dem Anderen das Walten der universellen Weltvernünftigkeit. So ist die Verantwortungslosigkeit im Bereiche des Vernünftigen der griechischen Seele angemessen.

Dem christlichen Philosophen des mittelalterlichen Abendlandes erscheint die Verantwortungslosigkeit der Seele nicht durch die Idee des Schicksals, sondern durch die Idee des Sakraments oder des Mysteriums: Das Walten des Geistes in der Seele zu erleben ist nicht Verhängnis, sondern Begnadung. Gnade verschenkt sich in dem Seelenelemente des Glaubens. Die Zukunft wird den vernünftigen Glauben in seinem innersten Kerne fassen, und dieser ist Mut.

Worauf zielt das Augenmerk des Mutigen, indem er zur Usurpierung der Philosophie sich anschickt? Der Gehalt der modernen Individualität, die sich zu erwachen anschickt in solchen Persönlichkeiten wie Max Stirner und Nietzsche, ist ihr Impuls zur Verantwortung. Die Frage des Mutigen gegenüber dem philosophischen Erkennen kann nur dahin gehen, welche Entwicklungsmöglichkeiten das System und die Methode der Philosophie der Anlage der modernen Individualität zur autonomen Verantwortung offen lasse; und ob etwa der Begriff der Vollendung des Systems der Philosophie und die Verwirklichung solcher Entwicklungsmöglichkeit einunddasselbe sei. Ein so gerichtetes Interesse kann sich jedenfalls nur richten auf das *System* der Philosophie. Es ist indessen nicht bloß die energische Einsicht Hegels, dass die Wahrheit ihr Gewicht und ihre Vollkommenheit nur als System habe, der wir uns hierdurch als verpflichtet erkennen. Vielmehr verstehen wir unter dem vollendeten Begriff des Systems zugleich dessen Unterschiedenheit von einem möglichen anderen System. Als dieses andere System verstehen wir das System Thomas von Aquinos. Von gewöhnlichen philosophischen Systemen unterscheidet sich dasselbe dadurch, dass es die Inhalte der Welt hinordnet auf eine oberste nicht bloß philosophisch *denkbare*, sondern eine *erlebbare* Wahrheit. Der Mangel dieses letzten Systems der Weltordnung beruht darin, dass der Thomismus von den Mysterien der Offenbarung lediglich auf dem Felde des „Glaubens“ weiß; das Erkenntnissystem Rudolf Steiners aber gründet auf der Besitzergreifung des *Prinzips der Offenbarung* durch einen individuellen modernen Menschen.

Betrachtungen zu G. Kolpaktchys Metaphysik der absoluten Möglichkeit

Eine Philosophie, die an der *Erkenntnisfrage* geflissentlich vorbeigeht, kann uns keine Befriedigung geben. Wir müssten eine „Metaphysik", die sich nicht darüber Rechenschaft ablegt, *wie* der heutige Mensch überhaupt zu Aussagen über eine geistige Welt gelangt, zum Luxus-Geistesleben rechnen. Eine solche Metaphysik verpflichtet uns auch dann nicht, wenn sie sich auf höchste Einsichten der Vergangenheit stützt. Alle Schätze der vergangenen Menschheitsentwicklung sind nur das ungeformte Material für unsere Gegenwartsaufgabe. Diese Gegenwartsaufgabe erkennen wir an der geistigen Not dieser Zeit. Und wie die *soziale* Frage missverstanden würde, wollte man dem entrechteten Teil der Menschheit nur den Trieb zuschreiben, am *Besitz* der Wohllebenden teil zu haben, ebenso verfehlte man den Sinn der gegenwärtigen *geistigen* Frage, wenn man die wirklich Geisthungrigen mit Darreichungen aus einer isolierten Sphäre hochkultivierter geistiger Exklusivität abspeisen wollte, die keinen Zusammenhang mit dem wirklichen Dasein begründen.

Das 19. Jahrhundert hat unermessliche Schätze des Geisteslebens aus allen Epochen der Menschheit der Forschung zugeleitet. Einen Gewinn aus dieser Arbeit wird derjenige ziehen, der aus den Bedingungen der Gegenwart heraus den Zugang erschließt selbst zu den höchsten geistigen Offenbarungen der historischen Vergangenheit. Wer in der Gegenwart das Tor zur „Ewigkeit" aufschließt, lebt in Kommunion mit den Heroen der Vergangenheit; auf deren äußerlich vorhandene Dokumente braucht er sich weder zu stützen noch zu berufen; aber diese Dokumente können durch ihn ein ungeahntes neues Licht empfangen. Das ist die Methode *Rudolf Steiners*. Sie verpflichtet uns.

Wenn in dieser Zeitschrift, die von dem Vorstande der deutschen Landesgruppe der Allgemeinen Anthroposophischen Gesellschaft herausgegeben wird, eine der Philosophie *Rudolf Steiners* diametral entgegengesetzte – wie in dem Aufsatz von *G. Kolpaktchy* – zur Darstellung kommt, so kann das verschiedene Gründe haben. Der Aufsatz *Kolpaktchys* ist in sich gediegen und gehaltvoll genug, um vor dem „freien Geistesleben" Achtung beanspruchen zu können. Auf Anthroposophie oder *Rudolf Steiner* nimmt er mit keinem Worte Bezug. Wenn im Leserkreis nicht der Eindruck erweckt werden sollte, als enthalte dieser Aufsatz anthroposophische Auffassungen, hätte das Nötige getan werden müssen, um nicht Missverständnisse zu begünstigen.

Die „Metaphysik" *Kolpaktchys* ist eine Verbindung von Anregungen, die der Philosophie des *Richard Avenarius* entnommen sind, mit valentinianischer Gnosis. Sie enthält also das genannte Problem der Verbindung älterer Weisheit mit moderner Philosophie. Im Hinblick auf dieses Problem im allgemeinen kann man der jüngsten Philosophiegeschichte wertvolle Erfahrungen entnehmen. *Schopenhauer* und *Eduard von Hartmann* versuchten mit den Mitteln ihres abendländischen Philosophierens den systematischen Gehalt orientalischer „Philosophie" zu umspannen; sie deuteten diese Philosophie im Sinne ihres erkenntnistheoretischen subjektiven Idealismus aus. Sie entbehrten des Gesichtspunktes, aus dem heraus erst *Rudolf Steiner* so entscheidendes Licht auf das Wesen der Menschheit geworfen hat: des Gesichtspunktes der *Bewusstseinswandlung* der einheitlichen Menschheit.

Zum Verständnis der Philosophie *Steiners* selbst ist es notwendig, sie in den weiten Zusammenhängen des Prozesses eines sich entfaltenden einheitlichen menschheitlichen Bewusstseins zu sehen.

Der Orientale, seines geistigen Ursprungs im Herz der einen Welt träumend bewusst, empfindet das Dasein in der physischen Welt nicht als ein wirkliches Sein. Er gewinnt – bildlich gesprochen – in dieser physischen Welt erst allmählich festen Fuß. Er deutet die Erscheinungen der Sinneswelt als die täuschende Verhüllung eines Geistigen. Dieses Geistige als solches selbst sucht er nicht als das Erleben einer *Wirklichkeit*. So hängt er zwischen einem geträumten Geist-Sein und einem täuschenden Sinnes-Sein. Nicht in einem inhaltvollen Geistigen als solchem sucht er den Wert des Lebens, sondern in der Befreiung von allen Inhalten. Im Griechentum erreicht die von Osten nach Westen vorschreitende Bewusstseinsentwicklung der einheitlichen Menschheit eine neue Etappe. *Plato* erhebt das inhaltvolle Geistige, die „Ideen" zum Kriterium der Wirklichkeit. Unwirklich ist das unendliche „Werden" der Sinnenwelt, wirklich ist allein die Welt der ewigen Ideen, hier erweist sich das „Sein" der Welt als ein Geist-Sein. Der Nachhall des Orients in dieser Philosophie ist nicht zu verkennen; und erst der Schüler Platos, *Aristoteles*, erbaut die Grundlage der abendländischen Philosophie und Wissenschaft, deren Aufgabe es wird, das Materielle und das Geistige gleicherweise als Ausdruck der einen Welt zu begreifen. Aber auch Aristoteles schafft ein einheitliches Weltbild nur dadurch, dass er Anleihe macht bei einer älteren, traditionellen Weisheitslehre (Theologie), die sich noch keine Aufklärung errungen hat über die Stellung des *Menschen* im Weltganzen. Über die Stellung des Menschen geben sich Plato und Aristoteles einer Täuschung hin, die für die gesamte nachfolgende Philosophie zum schwersten Problem geworden ist. Darauf hat *Dr. Rudolf Steiner* mit monumentalen Gedanken hingewiesen:

„Diese große Täuschung des Menschen über sich selbst hat einer der größten Philosophen aller Zeiten in ein kühnes, wunderbares System gebracht. Dieser Philosoph ist *Plato*. Die ideale Welt, der Umkreis von Vorstellungen, die im Menschengeiste aufgehen, während der Blick auf die Vielheit der äußeren Dinge gerichtet ist, wird für Plato zu einer höheren Welt des Seins, von der jene Vielheit nur ein Abbild ist. «Die Dinge dieser Welt, welche unsere Sinne wahrnehmen, haben gar kein wahres Sein: sie werden immer, sind aber nie. Sie haben nur ein relatives Sein, sind insgesamt nur in und durch ihr Verhältnis zueinander; man kann daher ihr ganzes Sein ebensowohl ein Nichtsein nennen. Sie sind folglich auch nicht Objekte einer eigentlichen Erkenntnis. Denn nur von dem, was an und für sich und immer auf gleiche Weise ist, kann es eine solche geben; sie hingegen sind nur das Objekt eines durch Empfindung veranlassten Dafürhaltens. So lange wir auf ihre Wahrnehmung beschränkt sind, gleichen wir Menschen, die in einer finsteren Höhle so festgebunden säßen, dass sie auch den Kopf nicht drehen könnten und nichts sähen, als beim Lichte eines hinter ihnen brennenden Feuers an der Wand ihnen gegenüber die Schattenbilder wirklicher Dinge, welche zwischen ihnen und dem Feuer vorübergeführt würden, und auch sogar voneinander und jeder von sich selbst eben nur die Schatten an jener Wand. Ihre Weisheit aber wäre, die aus Erfahrung erlernte Reihenfolge jener Schatten vorherzusagen.» Der Baum, den ich sehe, betaste und dessen Blütenduft ich atme, ist also der Schatten der *Idee* des Baumes. Und diese Idee ist das wahrhaft Wirkliche. Die Idee aber ist das, was in meinem Geiste aufleuchtet, wenn ich den Baum betrachte. Was ich mit den Sinnen wahrnehme, wird dadurch zum Abbild dessen gemacht, was mein Geist durch die Wahrnehmung ausbildet.

Alles, was Plato als Ideenwelt jenseits der Dinge vorhanden glaubt, ist menschliche Innenwelt. Der Inhalt des menschlichen

Geistes aus dem Menschen herausgerissen und als eine Welt für sich vorgestellt, als höhere, wahre, jenseitige Welt: das ist platonische Philosophie.

Ich gebe *Ralph Waldo Emerson* Recht, wenn er [in „Repräsentanten der Menschheit", K.B.] sagt: «Unter allen weltlichen Büchern hat nur Plato ein Recht auf das fanatische Lob, das Omar dem Koran erteilte, als er den Ausspruch tat: 'Ihr mögt die Bibliotheken verbrennen, denn was sie Wertvolles enthalten, das steht in diesem Buche.' Seine Sentenzen enthalten die Bildung der Nationen; sie sind der Eckstein aller Schulen, der Brunnenkopf aller Literaturen. Sie sind ein Lehrbuch und Kompendium der Logik, Arithmetik, Ästhetik, der Poesie und Sprachwissenschaft, der Rhetorik, Ontologie, der Ethik oder praktischen Weisheit. Niemals hat sich das Denken und Forschen eines Mannes über ein so ungeheures Gebiet erstreckt. *Aus Plato kommen alle Dinge, die noch heute geschrieben und unter denkenden Menschen besprochen werden.*» Den letzteren Satz möchte ich etwas genauer in folgender Form aussprechen. Wie Plato über das Verhältnis des menschlichen Geistes zur Welt empfunden hat, so empfindet auch heute die überwiegende Mehrheit der Menschen. Sie empfindet, dass der Inhalt des menschlichen Geistes, das menschliche Fühlen, Wollen und Denken auf der Stufenleiter der Erscheinungen oben zu stehen kommt, aber sie weiß mit diesem geistigen Inhalt nur etwas anzufangen, wenn er außerhalb des Menschen, als göttliches oder irgendein anderes höheres Wesen: notwendige Naturordnung, moralische Weltordnung – und wie der Mensch sonst das, was er selbst hervorbringt, genannt hat – vorhanden gedacht wird."

Das Erbe dieser griechischen Weltauffassung wurde am Ende des 19. Jahrhunderts reif zur Liquidation. Der *Mensch* rief sich auf, sich zu offenbaren, was er als *Erkennender* ist. Die im Orientalismus wie im Griechentum ungelöste Frage, was die *Wirklichkeit* sei, wurde zur Entscheidung reif. Aus dem Wesen des Menschen heraus ist zu erfahren, was die Dinge und was die Ideen sind. Die Welt der Dinge ist kein Traum; sie ist Wirklichkeit, aber nicht volle Wirklichkeit; was die Dinge dem Menschen in der *Wahrnehmung* darbieten, ist nur ihre Hälfte; aus dem Menschen empfangen sie ihre andere Hälfte; aus dem Menschenwesen tritt zur Wahrnehmung als ihre Er-Gänzung die *Idee*; durch sie wird das Ding in den Zusammenhang der geistigen Welt eingefügt. Es liegt an der Natur des Menschen selbst, dass sich die einheitliche Welt in zweifacher Weise darstellt: als Wahrnehmung und als Idee. Wie die Sinnendinge, so muss auch die Idee aus dem umfassenden Wesen des Menschen heraus verstanden werden. Sie hat ihren Ursprung nicht in einem jenseitigen außermenschlichen Urwesen, wie die Metaphysik und Theologie seit Plato und Aristoteles annahm, sondern sie ist das freie Produkt des verantwortlich schaffenden Menschengeistes. Einer musste kommen, der aus dem Wirrwarr des Zeitalters *Kants* emportauchend an seinem Erkennen aufwies, *was* Erkenntnis sei, was Wirklichkeit sei. *Wirklichkeit* darf jetzt heißen: die Synthesis aus objektiver Wahrnehmung und objektiver Idee auf dem Bewusstseinsschauplatz des Erkenners. Das Gewahrwerden der Idee in der Wirklichkeit ist die Kommunion des Menschen mit der geistigen Welt. Es kann kein Zweifel sein, dass an diesem Begriff der Wirklichkeit sich die Kategorie der „Möglichkeit“ zu orientieren hat. Es besteht keine Veranlassung, heute die Kategorie der „Möglichkeit“ der Gnosis zu entlehnen. Die Bewusstseinswandlung der Menschheit, aus mythischer Vergangenheit heraussteigend, hat in unserer unmittelbaren Gegenwart eine entscheidende Wendung erreicht. Der Theismus hat seine Mission erfüllt. Die Zukunft gehört der Anthroposophie.

Die „Philosophie der Freiheit“ von *Dr. Rudolf Steiner* vertritt einen strengen Monismus; ihre Konsequenz, die Anthroposophie, muss als monistischer Anthropozentrismus verstanden werden, wobei die Frage, *was der Mensch sei*, zur Zentralfrage wird. Nach der Lehre der Anthroposophie fällt mit der höheren *Selbst*-Erkenntnis des Menschen diejenige *Welt*-Erkenntnis zusammen, für die man bisher Auskunft suchte bei der theistischen Metaphysik oder im religiösen Dogma. „Es muss aus dem Menschen heraus die Welt gefunden werden."

Von den landläufigen Vorwürfen, die gegen Anthroposophie von den Vertretern älterer Weltanschauungen erhoben werden, ist – neben dem Vorwurf des Synkretismus und dem der Erneuerung fragwürdiger Gnosis – der schwerste dieser (er kann im Ernste nicht erhoben werden): Anthroposophie sei *Pantheismus*. Mit aller Eindringlichkeit weist *Dr. Rudolf Steiner* gerade diesen Vorwurf in den Dornacher Pfingstvorträgen über *Thomas von Aquino* zurück. Die Gefahr des Pantheismus liegt für jede moderne Weltanschauung nahe, wenn sie den beiden Hauptmomenten des neueren Geisteslebens gerecht werden will: der einheitlichen Weltauffassung der Naturwissenschaft und dem ethischen Freiheitswillen der modernen, selbstbewussten Persönlichkeit. Warum *kann* Anthroposophie nicht Pantheismus sein? Deshalb nicht, weil sie – ihr tiefster Gehalt – *Karma-Wissenschaft* begründet. Jeder Pantheismus löst die menschliche Individualität in den kosmischen Werdeprozess auf, in physischer und in geistig-moralischer Hinsicht; die anthroposophische Karma-Offenbarung aber erweist die Verbundenheit der konkreten menschlichen Individualität mit dem moralischen und natürlichen kosmischen Weltprozess und erweist die *Bewahrung* der Frucht *eines* individuellen Erdenlebens und deren Folgen in *späteren* Erdenleben. Auf den „Herrn des Karma" weisen die tiefsten Geheimnisse der Anthroposophischen *Bewegung*, die sich seit der Weihnachtstagung als Anthroposophische *Gesellschaft* zu rechtfertigen hat. Die wirkliche Überwindung des Pantheismus durch Anthroposophie ist von ganz anderem Gewicht als die polemische Haltung der Vertreter des christlichen Dogmas gegen solche Philosophien, welche die „Persönlichkeit Gottes" zu eliminieren drohen. Zwar östliche christliche Denker wie der Philosoph *Berdjajew* betonen offen ihre Hinneigung zum Pantheismus; sie empfinden die orthodoxen Grundwahrheiten des Christentums als gesichert genug, um sich in einer Geistesrichtung zu bewegen, die der römische Katholizismus aus tiefer Einsicht – und mit falschen Argumenten – auf das strengste verwirft. Diese Vertreter des Ostens geben sich einer Täuschung hin. Sie stehen mit den Formen ihres Denkens auf einer *vorscholastischen* Stufe. Sie verkennen, dass der Thomismus (im weitesten Sinne) diejenigen Denkformen ausgebildet hat, welche die moderne Naturwissenschaft ermöglichen. Sie verkennen erst recht, dass jede Geistigkeit, die heute ihren Weg nicht aus der Naturwissenschaft nimmt, bloße *Träumerei* ist. Vor philosophischer Träumerei soll uns die „Philosophie der Freiheit" bewahren, die nicht umsonst die „naturwissenschaftliche Methode" aufs Panier geschrieben hat.

G. Kolpaktchy vertritt einen pantheistischen Emanatismus, auf der erkenntnistheoretischen Grundlage eines subjektiven Idealismus. Sein Synkretismus verbindet theosophische und gnostische Elemente mit solchen der deutschen pantheistischen Philosophie (Fichte, Schelling), unter Verwendung von sichtlichen Einschlägen aus der Philosophie des *Richard Avenarius*. Die Verbindung der losen Grundbestandteile dieser Metaphysik, unter denen auch Reminiszenzen an den theistischen Gottesbegriff auftreten, wird durch jene formale Dialektik erstrebt, in der die östlichen Denker Meister sind. Aufschlussreich ist es, dass *Kolpaktchy* das Thema seiner Philosophie dem platonisierenden Gnostizismus (ägyptischer Prägung) entlehnt (S. 700): „Ich bin unendliche Möglichkeit; die ganze sichtbare und unsichtbare Welt ist nur Ausdruck und Symbol dieser absoluten Möglichkeit in mir. – So lautet der Hauptsatz der urältesten Weisheit, die Lehre von der mikrokosmischen Natur des Menschen. Im Menschen sind alle kosmischen Möglichkeiten eingeschlossen; ihre Projizierung in das Äußere nimmt er durch seine physischen Organe wahr. Er vereinigt sich mit seinen objektivierten Möglichkeiten, er verleiht ihnen das Leben und hebt sie aus dem Reiche der Potenzialität heraus, indem er sie denkend, fühlend, begehrend erlebt."

Diese den Artikel *Kolpaktchys* einleitenden Sätze enthalten das Essenzielle seiner „Metaphysik"; die sich anschließenden Ausführungen können nur diesen einen Gedanken belegen und erläutern. Die physische Welt, so wird uns also von dieser Philosophie gesagt, sei die Herausprojizierung dessen, was im Menschen als „Möglichkeit" vorhanden ist. Derselbe Gedanke wird ein zweites Mal noch deutlicher ausgesprochen (S. 709): „Darum kann von jedem gegebenen Ich die Außenwelt als seine Projektion betrachtet werden." Eine solche physische Welt ist vor den Kriterien des modernen wissenschaftlichen Bewusstseins ein *Traum*. Das philosophische Gesamtwerk *Rudolf Steiners* ist geradezu daraufhin angelegt, *diesen* Traum einer physischen Welt als den Grundirrtum der idealistischen Philosophie zu erweisen. In besonders bestechender Form gibt sich der Idealismus oder Phänomenalismus „wissenschaftlich" in *Mach* und *Avenarius*; und wenn *Lenin* der größte Feind der Menschheit ist: in seiner energischen Bekämpfung des Idealismus und „Fideismus" der *Mach* und *Avenarius* ist er höchst verdienstvoll (vgl. „Materialismus und Empiriokritizismus"). Die Philosophie *Rudolf Steiners* unterscheidet sich von allem Phänomenalismus und Kantianismus dadurch, dass sie mit dem Gegebensein einer wirklichen Welt von Dingen – unabhängig vom Bewusstsein des gewöhnlichen Menschen – rechnet. Wir bringen den Weltinhalt nicht hervor. Gegen *Fichte*, der das Ich beim Konstruieren des Weltinhaltes belauschen wollte, stellt *Rudolf Steiner* eine boden- und himmelständige Theorie des menschlichen Erkennens auf („Wahrheit und Wissenschaft", 1892). Die Erkenntnisfrage „kann durch ein Ding nur entstehen, wenn es mir 'gegeben' wird." (Wahrheit und Wissenschaft, S. 26). „Wäre unser Dasein so mit den Dingen verknüpft, dass jedes Weltgeschehen zugleich *unser* Geschehen wäre, dann gäbe es den Unterschied zwischen uns und den Dingen nicht. Dann aber gäbe es auch keine Einzeldinge. Da ginge alles Geschehen kontinuierlich ineinander über." (Philosophie der Freiheit, S. 90) Ein Traum wäre die Welt. *Kolpaktchy* ist vorsichtig genug, die Erkenntnisfrage überhaupt nicht zu berühren. –

Das Verhältnis von Möglichkeit und Existenz kann *heute* nicht so behandelt werden, wie es durch *Kolpaktchy* geschieht. Wir können nicht zurück auf die Stufe des Denkens der Scholastik, die das einheitliche Sein gliedert in potentielles und aktuelles Sein. Es wäre vielmehr zu zeigen, wie die klassische scholastische Lehre von Akt und Potenz in der „Philosophie der Freiheit" als höhere Metamorphose wieder auftritt, wobei erstmals in der neueren Philosophie das Wesen der „Vorstellung" aufgeklärt wird. *Kolpaktchy* meint (S. 700): im alltäglichen Leben werde der Mensch der Welt der Möglichkeiten nur bewusst, insofern sie seinen praktischen Bedürfnissen dient; das „problematische Urteil" empfinde er als minderwertig gegenüber dem „Existenzial- und Werturteil"; von dem letzteren werde das Leben gänzlich beherrscht. Er sagt: „Wenn man aber das menschliche Vorstellungsleben phänomenologisch analysiert, erscheint das problematische Urteil, als der Urzustand des menschlichen Denkens, aus welchem erst später die positiven, negativen, apodiktischen, assertorischen und andere Urteilsformen herauskristallisierten. Wenn ich mir etwas vorstelle oder denke, so denke ich zuerst als Möglichkeit, jenseits vom Existenzialmoment; somit ist jeder Gedanke, *jede Vorstellung nichts anderes, als die Idee von irgendeiner Möglichkeit der Existenz*."

(Sperrung von mir, K.B.) Hier wird ganz abgesehen von der Frage, woher denn überhaupt die Inhalte des „problematischen Urteilens" stammen, das sich doch soeben mit dem identifiziert hat, was wir vorstellen oder denken nennen. Keine Philosophie wird aber leugnen wollen, dass der Inhalt des Vorstellens aus der Wahrnehmung stammt. Thomas von Aquino hat das Richtige getan gegen die Aspirationen der Franziskanerschule, die – auf augustinische Gedankengänge gestützt – lehrte, der Mensch gewinne die Erkenntnisse der materiellen und immateriellen Dinge aus der Tiefe seiner eigenen Seelensubstanz; gegen diese Lehre, in der der Neuplatonismus des Augustinus nachwirkt, behauptet Thomas, dass nichts im Intellekt auftritt, was nicht vorher in den Dingen ist. Und des Thomas auf die theistische Metaphysik gestützte Erkenntnislehre behielt so lange Recht, bis eine Philosophie der *Freiheit* auf das Wesen der Vorstellung neues Licht warf. Wäre aber im Sinne *Kolpaktchys* die Vorstellung „nichts anderes als die Idee von irgendeiner Möglichkeit der Existenz", so wäre sie genau das, was sie im Kantianismus ist: sie wäre Illusion, Traum.

Was ist nach *Rudolf Steiner* die Vorstellung? Bevor wir diese Frage beantworten können im Sinne der „Philosophie der Freiheit", betrachten wir, wie *Steiners* Standpunkt der Freiheit – gegenüber der Gebundenheit des *Thomas von Aquino* – das Denken versteht. Die im „Denken" der „Philosophie der Freiheit" auftretenden Wesensideen der wirklichen Dinge sind nicht das Abbild von Wesenheiten, die ein göttliches Urwesen in die Dinge hinein verlegt hat, sondern sie sind das wirkliche Wesen der Dinge selbst; das Denken selbst ist nicht, wie eine „tief im naiven Menschheitsbewusstsein eingewurzelte Meinung" annimmt, „abstrakt" und ohne konkreten Inhalt. „Die Tätigkeit des Denkens ist eine *inhaltvolle*". Dieses Denken der „Philosophie der Freiheit" rechtfertigt erst die Korrektur, die *Leibniz* an dem Grundsatz des Aristoteles vorgenommen hat:

nihil in intellectu, quod non prius in sensu, *nisi intellectus ipse*. *Rudolf Steiner* geht in seiner Weltbetrachtung vom Denken aus. Es ist das „absolut Letzte". Es bedeutet nicht die Welt der „Möglichkeit"; es ist Wirklichkeit. Nicht Möglichkeit und Existenz, wie *Kolpaktchy* annimmt, sind die Urgegensätze, von denen eine moderne Weltanschauung auszugehen hat, die den Denker als einen wirklichen vorfindet in einer Welt von wirklichen Dingen, die sich der *Beobachtung* darbieten. *Kolpaktchy* vermehrt die zahllosen Urgegensätze, auf die seit alters her die Philosophen und Metaphysiker ihre Weltkonstruktionen aufbauen, um ein weiteres Paar. „Die Philosophen sind von verschiedenen Urgegensätzen ausgegangen: Idee und Wirklichkeit, Subjekt und Objekt, Erscheinung und Ding an sich, Ich und Nicht-Ich, Idee und Wille, Begriff und Materie, Kraft und Stoff, Bewusstes und Unbewusstes. Es lässt sich aber leicht zeigen, dass allen diesen Gegensätzen der von *Beobachtung* und *Denken* … vorangehen muss" (Philosophie der Freiheit, S. 38). Diesen Standpunkt gegenüber dem sinnlich-übersinnlichen Wesen der Welt kann nur eine *Erfahrungswissenschaft* einnehmen, welche die Annahme eines außermenschlichen Urwesens – und damit die Metaphysik – verwirft. *Kolpaktchy* bewegt sich in den Denkgeleisen der theistischen Metaphysik, wenn er ausführt: „Aus Nichts kann nichts entstehen. Alles, was ist, muss notwendigerweise früher (irgendwann, irgendwie, irgendwo) dagewesen sein. Folglich: es ist irgendwie, irgendwo im latenten Zustande da, und indem es vergeht, muss es wieder in den latenten Zustand zurückkehren. Dieser metaphysische Latenz-Zustand entspricht dem Reich der reinen Möglichkeit; durch das reine Denken wird diese übersinnliche *Tatsache* [?, K.B.] zur geistigen *Wahrnehmung*. Die materielle Realisierung, 'Verkörperung' der Möglichkeit ist ihre Nachtseite, ihr Verwelken, ihr Absterben für die geistige Welt." Nein! sagen wir mit *Rudolf Steiner*, dessen auf die begriffliche Erkenntnis gebauter Wirklichkeitsbegriff sich freilich den Denkmitteln des Theismus nicht erschließt. Dieser Wirklichkeitsbegriff vermeidet den schiefen Gegensatz von latenter Idealität und realisierter „Verkörperung" des Ideellen. Wirklichkeit kommt durch Erkenntnis zustande in der Ineinanderfügung von Wahrnehmung und Idee, und heißt als erkannte Wirklichkeit: *Wahrheit*, und die Aufgabe der Wahrheits- und Wirklichkeitserkenntnis „ist nicht: etwas schon anderwärts vorhandenes in begrifflicher Form zu *wiederholen*, sondern die: ein ganz neues Gebiet zu *schaffen*, das mit der sinnenfälligen Welt zusammen erst die volle Wirklichkeit ergibt." (Wahrheit und Wissenschaft, S. VI) Nein! sagen wir: es geht nicht an, den metaphysischen Latenz-Zustand der reinen Möglichkeit als „Tatsache" zu behaupten; das ist die Erschleichung aller Metaphysik, hypostasierte Abstrakta als Realitäten zu setzen. Die „geistige Wahrnehmung", deren Objekt und Inhalt jene „mögliche Tatsächlichkeit" (ein Widerspruch in sich) sein soll, ist jedenfalls eine Illusion.

Beantworten wir nun die Frage, was *Rudolf Steiner* als „Vorstellung" versteht. Er unterscheidet scharf Vorstellungen und Begriffe (Ideen). Durch das Ich des Erkennenden sind die Ideen oder Begriffe das wesenhaft *Allgemeine*. Die an der Sinnenwelt erworbenen Vorstellungen enthalten den Hinweis auf Individuelles, *Einzelnes*; dieses Einzelne (als *Objekt* der Beobachtung) heißt Wahrnehmung. Die Einheit aus Wahrnehmung und entsprechender Idee macht den Inhalt der Wirklichkeitserkenntnis aus. Die Vorstellung aber ist die an der Wahrnehmung individualisierte Idee. „Die Vorstellung ist ein individualisierter Begriff." In der Vorstellung schlummert die Idee oder der Begriff als latente Möglichkeit. Das richtige Verhältnis von Latenz (Potenz, Möglichkeit) zur Aktualität (die aber nicht scholastisch einfach als „Wirklichkeit" gesetzt werden darf, sofern zur „Wirklichkeit" *Rudolf Steiners* außer der aktualisierten Idee auch die Wahrnehmung gehört) finden wir somit zwischen Vorstellung und Begriff. Hier hat der Gegensatz „Möglichkeit-Realität" heute einen begründeten Sinn. Hier hätte eine Philosophie der Möglichkeit anzusetzen. Von hier aus eröffnet sich auch ein gangbarer philosophischer Weg zum Verständnis „geistiger Wahrnehmung". Wenn nämlich das „Denken" selbst die unterste Stufe einer übersinnlichen Realität ist, dann lässt sich dasjenige, was Anthroposophie „Imagination" nennt, in der Weise philosophisch begründen, wie dies *Dr. Walter Johannes Stein* getan hat (vgl. Aenigmatisches aus Kunst und Wissenschaft, Anthroposophische Hochschulkurse Bd. 1 und 2, 1922, S. 43), wo er sagt: „Die Imagination unterscheidet sich von einer Vorstellung dadurch, dass diese ein individualisierter Begriff ist, der individualisiert ist durch eine Wahrnehmung, jene aber ein an einem selbstgemachten Phantasiegebilde individualisierter Begriff ist", wobei die Phantasietätigkeit im Sinne *Goethes* keine subjektiv-willkürliche, sondern eine objektiv-exakte ist. Hinter dem „selbstgemacht" steht das höhere Selbst als Wesenhaftes. *Spricht* durch die gegenständliche Imagination Wesenhaftes, so haben wir es mit dem zu tun, was Anthroposophie „Inspiration" nennt. Und ist es das höhere Ich-Wesen selbst, das aus allen Gegenständen in sich einkehrt, dann spricht Anthroposophie von „Intuition". Grundlagen einer „geistigen Weltanschauung" möchte *Kolpaktchy* bereiten, – das möchte auch Anthroposophie. –

Es ist hier nicht möglich, den Artikel *Kolpaktchys* im einzelnen weiter zu verfolgen. Worauf es ankam, das ist dies: die Unfruchtbarkeit der spielerischen Verwendung von „metaphysischen" Begriffen darzutun. Dialektische Kunstgriffe sind nicht das Mittel, um der geistigen Welt aus derjenigen Ehrfurcht heraus entgegenzutreten, zu der uns das „Ereignis Rudolf Steiner" veranlassen will. Wir dienen nicht der Erziehung eines klaren Denkens, wenn wir eindeutige Begriffe nach Belieben umdeuten oder differente Begriffe nach Belieben vertauschen. *Kolpaktchys* Metaphysik behandelt die Kategorie des „Möglichen“ wie ein Absolutum. Aber das Metaphysikspiel braucht doch eben für das Absolute kein bloß Mögliches, sondern ein Wirkliches; – also heißt es: „Die Möglichkeit im göttlichen Bewusstsein ist das Resultat der Selbstanschauung der Gottheit, als *Realität* wird die Möglichkeit angeschaut.“ – Uns will bedünken, dass solche Töne nicht eben neu sind; sie sind das Kennzeichen für jene hoffnungslose Begriffsspekulation, die durch die geistige Erfahrungswissenschaft *Rudolf Steiners* überwunden werden soll. Das Werk Rudolf Steiners ist umsonst getan, wenn wir uns weiter in den antilogischen Paradoxien solcher Metaphysik gefallen. Wir kennen solche Korff'schen Purzelbäume von der Landesgrenze des Logischen auch sonst, etwa wenn *Leonard Nelson* das erkenntnistheoretische Problem – das er falsch stellt – mit der Behauptung umbringen will, dass „die Möglichkeit der Erkenntnis nicht Problem, sondern Faktum“ sei, womit er übrigens etwas ganz Vernünftiges sagen will, nämlich dass wir bei der Erklärung des Erkennens von der *Tatsache* der Erkenntnis ausgehen müssen. Er hat es – an Kant laborierend – nur nicht der Mühe wert gehalten, von *Rudolf Steiner* zu erfahren, *was* das Erkennen ist.

Unsere Kritik hindert uns nicht, in dem Artikel *Kolpaktchys* Wertvolles zu finden. Dazu rechnen wir seine Gedanken über ein „Prinzip der Erhaltung der Form“. „Die Form kann nicht durch etwaige ‘zufällige’ Gruppierung von Atomen zustandekommen, denn die Gestaltlosigkeit gehört zum Wesen des Stoffes; aus dem Geistigen heraus ‘*verkörpert*’ sie sich in die physische Welt. Die Formen (Gesetze, Ideen) bilden, als Möglichkeiten, sozusagen den ‘*Stoff*’, aus welchem die geistige Welt aufgebaut ist. Ohne ihre *geistige* Einwirkung wäre die ganze Welt ein amorphes Chaos.“ Abgesehen von dem, was an diesem Gedanken wiederum erkenntnistheoretisch unhaltbar ist, verdient es Beachtung, wenn Kolpaktchy erwägt: „Die Geltung des

Satzes: 'ex nihilo nihil fit' ist von der Wissenschaft für die Materie anerkannt worden. Aber dieser apriorische [?, K.B.] Satz sollte für die Formenwelt im weitesten Sinne des Wortes gelten, als ein *'Prinzip der Erhaltung der Form'*." Nun braucht man diesen Satz, der tatsächlich von der Geistesforschung *Rudolf Steiners* längst begründet ist, nur dort zu entnehmen, wo er sich findet: nämlich dem Zyklus 19. Dort wird das Urrätsel, das *Ernst Haeckel* in seinem berühmten Buche von der Jahrhundertwende als das letzte und äußerste – noch ungelöste – „Welträtsel" bezeichnet, nämlich das Verhältnis von Materie und Kraft, an dem bedeutendsten Subjekt-Objekte der Weltevolution betrachtet: an dem Mensch gewordenen Gott, der durch das Mysterium von Golgatha geht und dessen Leib – aus dem Grabe aufersteht. Das „Form"-Problem muss mit der Tatsache der *Auferstehung* zusammengebracht werden. Das vermochten die Scholastiker noch nicht. Die differenzierende Betrachtungsweise der Anthroposophie vermag es. Sie begeht nicht den Fehler, das Menschenwesen metaphysisch-scholastisch als die Zusammensetzung aus „Materie" und „Form" (die intellektuelle Seele die Wesensform des Körpers) begreifen zu wollen; sie kann erfahrungswissenschaftlich die Tatsache der Auferstehung verstehen und begründen auf Grund ihrer Erkenntnis der konkreten Gliederung der einheitlichen Menschennatur (Physischer Leib, Ätherleib, Astralleib, Ich), die das Fundament der Theo-Anthroposophie Rudolf Steiners bildet. *Ludwig Kleeberg* berichtet von einem Ausspruche Dr. Rudolf Steiners: dass es heute unmöglich sei, über das Christentum etwas zu wissen ohne die Elementarerkenntnisse über die viergliedrige Menschennatur.

Der „Leib" des Auferstandenen, das „Phantom", von dem Rudolf Steiner in dem Karlsruher Zyklus (Nr. 19) – im Zusammenhang mit *Paulus* – sprach, ist derjenige Form-Kraft-Leib, der erhalten bleibt. Sein Korrelat ist das „Denken", das an sich selbst die Auferstehung vollzogen hat und unserer Epoche zum Garanten der geistigen Welt geworden ist.

Die Begriffsspekulationen der Metaphysik können uns nicht weiter bringen. *Kolpaktchys* Metaphysik will die „Grundlage einer geistigen Weltanschauung" sein. Ich habe gezeigt, dass diese geistige Weltanschauung nicht dasjenige sein kann, was wir – immer gründlicher – als Anthroposophie verstehen wollen.

Der „Dritte Humanismus“

Vom „Zusammenbruch der Wissenschaft“[1] haben wir Notiz genommen, der „Untergang des Abendlandes“[1] ist unsere tägliche Religionspraxis; auf dem Nullpunkte angekommen, vermerkten wir dann die „Auferstehung der Metaphysik“[1] – wir haben diese zunächst abwartend in den Schrank gestellt –, und jetzt steht von alledem der Hintergrund in Person selbst auf: der deutsche Oberlehrer, der Sachwalter unserer „Bildung“. Was wir von der Straße her nur schlecht kennen, weil wir nicht hinzusehen pflegen – das nicht ganz scharf konturierte „Dritte Reich“ – stellt sich uns im einwandfreien literarischen Kostüm, im Ornat respektabler Bildung vor als der „Dritte Humanismus“.

Helbings Schrift[2] „verdankt ihr Entstehen der lebendigen Auseinandersetzung über die Lage und Möglichkeit einer deutschen Bildung“. Sie will „in knappem Umriss den geistesgeschichtlichen Ort aufweisen, an dem sich heute der Neue Humanismus befindet“.

Mit Präzision lässt sich alternativ voraussagen, worin sich die Lösung dieser Aufgabe erschöpfen muss und wird: entweder in einem rücksichtslosen Zu-Ende-denken der Problematik von *Philologie* und *Idealismus*, was der entschiedensten kritischen Abwendung von *Plato* gleichkäme, oder aber in einem Gar-nicht-sehen oder Verwischen der Ursprünge und Fundamente dieser Problematik, was ebenso gewiss eine neuerliche Berufung auf den platonischen Ausgang des Humanismus zur Folge haben müsste. Die Liebe zum Logos (Philo-logie, als die Krönung der Wissenschaften) und der wissenschaftliche

1 Drei bekannte Volksbücher.

2 Lothar Helbing, Der Dritte Humanismus,1932, Verlag „Die Runde“, Berlin.

Idealismus als *Methode* der Weltanschauung laufen durch die ganze abendländische Kultur- und Geistesentwicklung unversöhnt neben der christlichen Religion einher. Einmal werden sie der christlichen Theologie dienstbar gemacht (Scholastik), dann wieder erheben sie kühn ihre Sonderansprüche (von Petrarca bis Stirner). Die Lösung dieser Antinomik ist *das* Problem unserer „Bildung", will man nicht resolut und endgültig die Kontinuität der Linie des Christentums preisgeben, oder will man nicht in modern-theologischer Überheblichkeit die Klassik des deutschen Idealismus einfach zum alten Eisen werfen.

Von der Tiefe dieser Problematik weiß der „Dritte Humanismus" Helbings nichts. Er sieht das Problem auf der Ebene, wo es längst von anderen gesehen worden ist. Ralph Waldo *Emerson* hat diesen Ort exakt umschrieben (Repräsentanten der Menschheit):

> „Unter allen weltlichen Büchern hat nur *Plato* ein Recht auf das fanatische Lob, das Omar dem Koran erteilte, als er den Ausspruch tat: 'Ihr mögt die Bibliotheken verbrennen, denn was sie Wertvolles enthalten, das steht in diesem Buche.' – Platons Sentenzen enthalten die Bildung der Nationen; sie sind der Eckstein aller Schulen, der Brunnenkopf aller Literaturen. Sie sind ein Lehrbuch und Kompendium der Logik, Arithmethik, Ästhetik, der Poesie und Sprachwissenschaft, der Rhetorik, der Ontologie, der Ethik und praktischen Weisheit (Politik). *Aus Plato kommen alle Dinge, die noch heute geschrieben und unter denkenden Menschen besprochen werden.*"

Es ist eine geistesgeschichtliche Notwendigkeit, dass Helbing, wenn er sich auf die eigentliche Tiefe der Problematik nicht einlässt, gar nicht die Wahl hat, einen anderen Standpunkt als den Emersons einzunehmen, und dass er uns mithin folgerichtig erklärt: „dass in der Stellung zu *Plato* ... ein fast untrügliches Merkmal für die mehr oder weniger reine Erfassung des Humanismus vorliegt". Ebenso könnte als geistesgeschichtliche Notwendigkeit wenigstens *scheinen*, dass die Repräsentation des Platonismus in der Neuzeit in der Individualität und Universalität *Goethes* gesehen werden müsse. In der Tat bestreitet die Helbingsche Schrift die Unkosten der Gültigkeit des Platonischen Humanismus an den entscheidenden Stellen aus Goethe. Und diese Methode beweist einmal mehr, wie leicht es doch ist, Goethe zum Kronzeugen für alles und jedes zu machen. Wenn etwa Ludendorff aus dem Umstand, dass Goethe geologische Studien betrieb, als das deutsche Volk aus Existenzverzweiflung zum Freiheitskampf sich erhob, oder aus der Episode, dass Goethe sich beglückwünschte, dem Cäsarenkaiser der Franzosen persönlich zu huldigen, gegen Goethe den Vorwurf des Volksverrates konstruiert, so gelingt Helbing ohne Mühe das Gegenteil: er zeigt Goethe als den von Patriotismus Erschütterten, zu Tränen Gerührten, der als Bänkelsänger im hintersten deutschen Dorf den Zorngesang ("Komm an Franzos!") als Protest erheben will gegen die Absetzung seines fürstlichen Herrn. Auf dieser Ebene des Allzumenschlichen werden wir das Problem des Humanismus nicht suchen.

Aber in eine entscheidende Phase träte das moderne Humanismusproblem dann, wenn man sehen wollte, worin sich Goethe *nicht* zum Garanten für die gegenwärtige Bildung machen lässt, worin er der radikalste Feind der Gegenwart und Platos ist. Wem es unwahrscheinlich ist, dass in unseren idealen und humanen Zielsetzungen Momente zu finden sind, die ausdrücklich *gegen Goethe* bedeutend und wahr sein wollen, den muss man fragen: Ist es wahr oder nicht wahr, dass die gesamte heutige Wissenschaft – mit nicht zählenden kleinsten Ausnahmen – Newton recht gibt gegen Goethe? Wird als wahr anerkannt, dass Goethe ebenso und im gleichen Sinne der Entdecker der *Gesetze des Organischen* ist, wie Kepler und

Kopernikus die umstürzenden Entdecker der Gesetze der Himmels-*Mechanik*? *Gegen* die Schätzung der Maßgeblichen besteht und wirkt Goethes Methode, das Verhältnis des menschlichen Geistes zur Welt zu empfinden und zu wissen. Dass dieses Verhältnis ein besonnenes *wissenschaftliches* Tun und Forschen war, das begründet für die Gegenwarts-Bildung ein Problem, an dem sich das Schicksal des traditionellen Humanismus erfüllen muss. Man lese in der erleuchteten Schrift Ernst Cassirers „Goethe und die geschichtliche Welt" den Aufsatz über das doppelgesichtige Verhältnis Goethes zu Plato; man lese die eindeutige Abgrenzung Goethes *gegen* Plato in Steiners „Goethes Weltanschauung", um zu wissen, dass hier ein Problem von Weltformat zur Entscheidung steht. In „Goethes Weltanschauung" übernimmt wiederum *Aristoteles* die Rolle des Bezwingers Platos, die ihm schon einmal in der Hochblüte der Scholastik vindiziert war. Wie Aristoteles es war, der im Mittelalter den theologischen und gnostizistischen Augustinismus und Platonismus in die Erdsphäre herunterzwang – in Thomas von Aquino überdies die Missdeutung des Aristoteles durch die arabische Gelehrtenschule bezwingend –, so ist es in *Goethes* Methode des Naturerkennens ein wiedererstandener Aristotelismus und Thomismus (letzterer in einer Frontänderung zu den Phänomenen der Natur – in Abwendung von den Phänomenen der Über-Natur oder Offenbarung), der das Ferment abzugeben hat für die Vereinigung der bisher getrennt verlaufenden beiden Hauptströme unseres Geisteslebens: der Philologie (Philosophie) und des *christlichen* Humanismus als der Verehrung des Welt-Kernes und des Welt-Umfanges im Mysterium des „einzigen" Menschen. Steiners Goetheinterpretation hatte Gründe, wenn sie die Erkenntnistheorie der Goetheschen Weltanschauung als die Erkenntnistheorie eines Christentums des 20. Jahrhunderts erkannte.

Die Aufgabe der Versöhnung von Christentum und philosophischem Idealismus aristotelischer Prägung, der das Wertvolle und Haltbare des Platonismus konserviert, wird heute ob des Zwiespaltes der Konfessionen nicht unbefangen gesehen. Zur Unbefangenheit wäre nötig, zu wissen, dass Thomas von Aquino unter der rückwirkenden Beleuchtung durch Goethes Naturerkenntnis ebensowenig der Philosoph des Katholizismus ist wie Kant den Titel des philosophischen Repräsentanten des Protestantismus verdient. Nicht aus dem unversöhnlichen Widerspruch zwischen Thomas und Kant gebiert sich die gegenwärtige Problematik; dagegen verläuft die strenge Kontinuität unserer geistigen Herkunft aus Thomas – mit einem luziferischen Ausschlag in Leibniz und Spinoza – geradenwegs auf Goethe, und in diesem, nicht in Kant, gründet unsere Zukunft. Ihr Auftakt ist die Endabrechnung mit Plato.

Der erkenntnisfrohe Naturgelehrte Goethe empfindet Plato als krank, empfindet eine Weltansicht als ungesund, die von dem Vorurteil ausgeht, dass die göttliche, im Menschen erzeugte *Idee* und die Erscheinungen der Wahrnehmungs- und Sinnenwelt in einem *außermenschlichen* Prinzip – ob in Gott oder in einem „Absoluten" – zur Einheit zusammenzustimmen hätten. Solcher Metaphysik ist Goethe gründlich gram. Goethes erkennendes Frommsein besteht darin, den erkennenden Menschen selbst als den Mittelpunkt der Welt und als den kosmischen Schauplatz zu wissen, auf dem die *Vielheit* der Sinnendinge in die *Einheit* der *Idee* oder Vernunft eingeht. In ihrem Bestreben, das einzelne in seiner *qualitativen* Besonderheit (die mehr ist als was sich messen und rechnen lässt) in das System der Erkenntnis hereinzunehmen, ist Goethes Methode die aristotelisch-thomistische; aber entgegen dem aristotelischen Thomismus des Mittelalters wendet sie sich nicht auf die übernatürliche Offenbarung, sondern auf die mit allen Vermögen des Schauens und Empfindens erlebte wirkliche Natur selbst.

Das entscheidende Kriterium, dem ein neuer Humanismus zu genügen hat, und für das es bei Plato und im Griechentum überhaupt keine Ursprünge gibt, ist bisher nicht erwähnt worden: es ist die Auffassung der Welt als einer *geschichtlichen*. Hier glaubt die geläufige Bildung um ein Versagen Goethes zu wissen. Sie ist im Unrecht; und vielleicht wird eine der größten Überraschungen der nächsten Jahrzehnte diese sein, dass gerade in Goethe wie in keinem anderen deutschen Klassiker, Hegel nicht ausgenommen, auch die Methoden für ein Bild der Welt-*Geschichte* vorgebildet gesehen werden. Besondere Bedingungen für solche Einsicht sind heute gegeben. Kein Nationalismus und kein Autarkismus wird dem wachen Gegenwartsmenschen die täglich erlebte Erfahrung zu trüben vermögen, dass er in einer *Welt*-Geschichte steht, worin er noch als Arbeitsloser Akteur und niemals bloßer Zuschauer ist. Nicht vom gelehrten Zuschauer-Standort, gegenüber vergangener Geschichte, erschließt sich heute der Zugang zum Geschichtsproblem; und mehr als die Frage, was die gelehrte Betrachtung der Vergangenheit in uns Gegenwärtigen an Enthusiasmus erzeuge, trägt unsere unmittelbar erlebte Erfahrung zum Verständnis des Problems der Geschichte bei.

Für die besondere Einsicht Goethes, wonach die Geschichte nicht nach mystischen kausierenden Gesetzen oder Ideen gemacht ist, sondern dass lebendige wirkliche Menschen – nach dem Wort Treitschkes: Männer – die Geschichte machen, glauben wir Verständnis zu haben. Und zwar glauben wir Männer *Welt*-Geschichte machen zu sehen. Die Zeitgenossen Napoleons sahen einen erobernden Cäsaren, der die Landkarte Europas umwandelte; *wir* erleben die Ausstrahlung der geschichtlichen Tat bis in die hintersten Winkel der gesamten Welt. Die „humanistische" Geschichtsauffassung *Goethes* aber ist diese, dass wir selbst ein bedeutendes Innenleben führen müssen, um die wahren Ursachen des geschichtlichen Geschehens in den Absichten und Taten der großen historischen Persönlichkeiten schauend nachzuerleben. Unsere humanistische Bildung verdankt *Max Scheler* – zwar nicht die Einsicht, aber die lebendige Betonung derselben, dass es so viele Arten, Bilder, Mythologien der Geschichte gibt, als es erlebte Bilder vom *Wesen des Menschen* gibt (vgl. Schelers „Mensch und Geschichte“). Das großartigste und zugleich falscheste Geschichts-Bild verdanken wir *Hegel*. Dessen Bild vom Menschen entstammt einer reaktionären Theologie. Die geschichtlichen Persönlichkeiten sind die Marionetten, die an den Fäden eines erträumten Gottes zappeln. Der Welt-*Geist* selbst ist in Hegels Wissenschaft vom Absoluten der Akteur der Welt-Geschichte, die sittlich handelnden Individuen sind die politischen Staaten (ein echt platonischer Gedanke!), die einzelnen wirklichen Menschen sind die Opfer der „List“ des Weltgeistes, der sich ihrer als bloßer Instrumente bedient, wo sie selbst zu handeln und zu leiden wähnen. Mag Hegel immerhin der Philosoph der Weltanschauung Goethes genannt werden: in bezug auf die Idee der Geschichte wird er durch eine goetheanische Geschichtsauffassung gründlichst widerlegt. Es liegt in der Konsequenz der Weltansicht Goethes, das Gesetz des „Weltgeistes“ nirgend anders als in den schöpferischen, verantwortlichen Taten der existenziellen (repräsentativen) menschlichen Individualität zu suchen. Der Mensch ist nicht der Spielball einer ihm übergeordneten göttlichen „Dialektik“. Die Erkenntnistheorie der Weltansicht Goethes muss der Auffassung Hegels das Folgende entgegenhalten: Die intuitive Weltschau Goethes, die „Welt zur Welt“ trägt, nämlich aus der Innenwelt des bedeutenden Individuums der objektiven Welt ihren Sinn zumisst,

> „unterscheidet sich von dem Hegelschen metaphysischen absoluten Idealismus dadurch, dass sie den Grund für die

Spaltung der Wirklichkeit in gegebenes *Sein* und *Begriff* (Welt und Innenwelt) im *Erkenntnissubjekt* sucht und die Vermittlung derselben nicht in einer objektiven Weltdialektik, sondern im subjektiven Erkenntnisprozesse sieht." (Steiner)

Wobei der Erkenntnisprozess des bedeutenden Subjektes seinsmächtig und phantasieträchtig genug ist, um mehr zu *verantworten* als jene dürftige Polizeifunktion der Kantischen Vernunft gegenüber der „Erfahrung".

*

Damit ist ein Standort umschrieben, der es sinnvoll macht, wenn wir einzelne Programmforderungen des „Dritten Humanismus" visieren. Zunächst die Abgrenzung dieses aktuellen Humanismus von seinen beiden Vorläufern, dem Humanismus der Renaissance und dem Humanismus der deutschen Klassik. Es habe sich – sagt Helbing – „in Deutschland das Erstaunliche ereignet, dass nach mancherlei Schulversuchen und mehr oder weniger utopischen Bildungsprogrammen von einer *im geistigen Sinne durchaus politisch gerichteten* Jugend der Humanismus neu entdeckt wurde". Dessen Inhalte sind zwar ganz die Inhalte unserer an Hellas und Rom orientierten Schulbildung; neu dagegen ist die erlebte Fragestellung, ob und wie sich mit den alten Inhalten „aus dem Geiste leben" lässt, von einer auf politische Aktivität gerichteten geistigen Jugend. Es sei nicht Aufgabe des Geistes, die historischen Spuren und Zeugnisse seiner Biographie und Abkunft zu sammeln und zu verstehen, es sollen vielmehr die Inhalte des Geistes sich bewähren „am Einsatz unseres Lebens, am Mut, unsere Persönlichkeit aufs Spiel zu setzen". Eine solche Haltung geistiger Jugend kann sich sehen lassen neben der Haltung etwa *Heideggers*, dessen Philosophie, wenn sie die Frage aufwirft, wie sich mit den Inhalten der humanistischen Philosophie Kants existenziell *leben* lässt, als Bewährungskriterium nicht den Mut und die Persönlichkeit setzt, sondern die *Angst* des sich im Dasein sorgenden Philisters, der statt Persönlichkeit und „Ich" vorzüglich ein unbestimmtes „man" und „wir" ist. Helbing fordert einen Begriff der Bildung als „Schule zur Macht" und setzt als Urmotiv den geistpolitischen *Wettkampf* mit dem Altertum als dem gefährlichen und geliebten Gegner. Vor dieser Forderung hänge unserem gängigen Humanismus ein Zug von gesättigter Zuschauerbehäbigkeit an, „wir empfinden ihn als eine Art von geistigem Kapitalismus". Diese kämpferisch kritische Akzentuierung des Begriffs „Kapitalismus" enthält eine Fragwürdigkeit: es scheint uns denn doch auch zu den Problemen eines Humanismus zu gehören, ob jene großartige Manifestation universeller Geistigkeit, die wir eben „Kapitalismus" nennen, gewertet werden soll an der Karikatur ihrer gegenwärtigen Daseinsweise (Profitkapitalismus), oder ob dem Geist und der Intelligenz des Menschen die Aufgabe gestellt ist, einen gesunden Begriff des Kapitalismus gegen verantwortungslose Masseninstinkte zu rehabilitieren und neu zu fundieren. Der bisherige humanistische Lehrer, von dem Helbing sich abwendet, trägt allerdings unverkennbar die Züge des heutigen „Kapitalisten". Diese Lehrer waren „*Auch*-Humanisten":

> „Gewiss viele wertvolle und feine Erscheinungen, aber wir begegneten keinem, den wir wie Giordano Bruno für fähig hielten, um seines humanistischen Glaubens willen auf den Scheiterhaufen zu steigen oder als Humanist in jenen schweren und unversöhnlichen Kampf mit der modernen Widerwelt zu geraten, wie uns dieser Glaube, so ihm ernst darum war, doch zu fordern schien."

Helbing sieht das Wesen des Humanismus als einen schöpferischen *Formungswillen*, der sich nährt von seinem Wissen um die echte Mittellinie des Gleichgewichts im Menschen, der Geist und Natur, Leben und Kunst, Wissenschaft und Phantasie zum Einklang bringt und als ein zweiter Orpheus mit musischer Macht die Urgewalten bändigt und noch dem Fernsten einen Sinn gibt. Im antiken Humanismus sieht Helbing – auf die Gesamtwirkung gesehen – ein Dominieren des *Wissenschaftlichen*, die Grundhaltung des Renaissance-Humanismus betont das *Künstlerische* (seine Feinde, der Protestantismus und eine mit den Geisteswissenschaften unversöhnte moderne Naturwissenschaft, modifizierten diesen Humanismus zu unserer gegenwärtigen „Bildung"); Aufgabe des „Dritten Humanismus" ist, das *Staatliche* der Antike schärfer zu sehen und in der lebendigen Gegenwart das Humanistische aus der Idee des Staates zu gewinnen.

Dass der reiche Inhalt der Schrift Helbings viele tiefe, künstlerisch gesehene Einsichten enthält, dass manches gut visierte Blitzlicht auf das Menschtum in Vergangenheit und Gegenwart geworfen wird, soll nicht verkannt werden. Doch ziehen wir einem allzuleichten Übereinstimmen mit Einsichten und Forderungen, denen, sofern sie nur abstrakt genug gehalten sind, niemand widersprechen wird, eine entschiedene Antithetik vor. Und da ist es vor allem die Helbingsche Idee des Staates als *der* menschlichen Schicksalsgemeinschaft und als letztbestimmendes Fundament menschlicher Kultur, die unseren Widerspruch herausfordert. Der Neue Humanismus will

> „dem Menschen eine neue stille und sichere Würde geben. Nicht die Erweiterung und Erschütterung unserer Vorstellung von Religion und Mensch, sondern vor allem der neue Zugang zum Staatlichen in unserer Jugend ist Gewähr für den Aufgang des Dritten Humanismus."

Hier setzt unsere Kritik ein. Jeder Staatsmystizismus unterstünde auch heute der Gefahr des Hegeltums, das den einzelnen Menschen zum Mittel an einem außer seiner eigensten Vollkommenheit liegenden Fremdzweck macht. Der Weg individueller geistiger Vervollkommnung erscheint uns anders denn aus einer *heroischen* Seelenhaltung nicht betretbar. Vor unserem *geistigen* Anspruch wird der Helbingsche „heroische Humanismus“ zur Belanglosigkeit, wenn dieser „den nationalen Staat als den Rahmen ansieht, in dem sich der einzelne Mensch überhaupt erst zu gestalten vermag“. Wir bezweifeln dieses Verhältnis des Staates zum Einzelnen. Irren wir nicht, so gilt zum mindesten für jene Männer, die Geschichte machen, dass der Staat nicht die Voraussetzung ist für die Entfaltung ihrer persönlichen Größe; eher möchte es wohl umgekehrt sein, dass aus der Formgewalt der großen Individualität auch der Staat erst *seine* Form empfängt. Und wenn der Dritte Humanismus als „heroischer Humanismus“ im Verhältnis von Einzelnem und Staat den Staat als die Lebensnotwendigkeit versteht, zu der der Mensch im gleichen Verhältnis stehe wie die menschliche Seele zum Leibe, so sehen wir in einem solchen Bilde nur ein zu nichts verpflichtendes Analogiespiel. Wir werden diesen heroischen Humanismus nicht als Freipass anerkennen, an der Zentralaufgabe alles Humanismus: am Problem der *Erziehung* ungeschoren vorbeizukommen und schnurstracks in die Arena des Politischen einzumünden. Wenn unsere gegenwärtige Kultur ein Verfall ist, so wird sich dieser Verfall am offenkundigsten an dem Wesen unserer Erziehung zeigen. Und Verfall ist es allerdings, wenn Helbing als Vertreter eines Auch-Humanismus den *Individualismus* als Zerfallserscheinung brandmarkt, und seine Auffassung groteskerweise durch ein zufälliges Wort *Goethes* (gegen Pestalozzi) stützt. Eine Oberlehrer-Kultur, die zu jedem beliebigen gelehrten Quark Bände wälzt, es aber noch nicht dazu gebracht hat, von dem Phänomen *Stirner*, dem sich an Geistesmächtigkeit in der Welt der Humana einzig *Dante* vergleichen lässt, auch nur Notiz zu nehmen, sollte in der Beurteilung des Individualismus zurückhaltender sein. In Stirner koinzidieren das Gottes- und das Menschen-Problem. „Namen nennen Dich nicht“, das gilt für Gott und gilt für Stirners „Einzigen“. In dieser Koinzidenz suchen sich die beiden isolierten Ströme des Humanismus: die christliche und die idealistische Strömung. Die Idee des „Staates“ an die Stelle der Idee des Gott-Menschen zu setzen, diese Aufgabe übernimmt der Dritte Humanismus. Paradox genug, wenn man heute Stirner, der das *Erziehungsideal* der Höchstvervollkommnung des Einzelmenschen aufstellt, zum Kronzeugen ausrufen muss für das Erziehungsideal des – Christentums! „Nicht die Einzelseele an sich ist wertvoll“, deklariert der Dritte Humanismus. Wertvoll an sich ist das mystische Gespenst „der Staat“.

> „Bei der Zeugung eines Menschen werden eine Unzahl lebenssüchtiger Spermatozoen in den empfangenden Schoß geschleudert, aber nur *einem* Keim gelingt die Einung mit dem entgegenschwellenden Ei. Wie dieser ganze Einsatz von Leben nur von der Geburt des einen neuen Menschen seinen Namen erhält, so gebiert sich der Staat aus dem Opfer zahlloser unbenannter Einzelner, ein Vorgang, der überall im Naturganzen nicht als verwerflicher Abfall, sondern als gewaltige Bestätigung des in ihr liegenden Sinnes festzustellen ist.“

Gegen die Plattheit dieses Naturalismus erstrahlt mancher übelbeleumdete „Materialismus“ beinahe als spirituelle Leuchte. Zur Erhellung einer Situation entnehme ich *Keyserlings* unvergleichlich großartigen „Südamerikanischen Meditationen“ den folgenden Passus:

> „Als das schauerlichste Ergebnis des Weltkrieges sehe ich nicht die Zerstörung an, die er hinterließ, sondern die gesteigerte Idealisierung des Krieges seitens der meisten Jungen, welche den Weltkrieg nicht mehr mitgemacht. Dies ist von keinerlei Idealismus her zu verstehen, sondern einzig daher, dass die Menschen urweltlich gefühllos geworden

> sind. Sowjetrusslands Gesinnung schuf dazu das Vorbild: Töten, Morden, Vergewaltigen bedeuten überhaupt nichts Schlechtes. Nur die *Ideologie* des Kriegertums zählt, vom Feldherrn her gesehen. Aber den ganzen wahren widersinnigen Sinn des Krieges verkörpert überhaupt nicht der Feldherr, sondern einzig der namenlose Frontkämpfer. So ist denn das erste sinngemäße Kriegerdenkmal das, welches spontan dem Unbewussten aller Weltkriegsvölker entwuchs: das Denkmal des Unbekannten Soldaten."

Der Gedanke Keyserlings bedarf einer Einschränkung: es ist nicht ganz richtig, dass aus dem Unbewussten *aller* Weltkriegsvölker das Symbol des Unbekannten Soldaten zur Erscheinung kam. Das Unbewusste des *deutschen* Volksgeistes machte hier eine Ausnahme. Das Unterbewusste des deutschen Volksgeistes erschafft das Denkmal des Unbekannten Soldaten in der Oberlehrerideologie eines „Dritten Humanismus" in Sätzen wie dem oben erwähnten: „so gebiert sich der Staat aus dem Opfer zahlloser unbenannter Einzelner". Ein Wink vielleicht, wie sehr es einem Volk der Denker zustünde, ein Denken in Unterbewusstheiten für zweiten Ranges zu halten und die Gegenwartsaufgabe einer Bewusstseins-Erhellung zu sehen.

*

Auf der Basis seines Staatsmystizismus gelingt es Helbing, eine ganze Reihe schwerwiegender moderner Lebensprobleme für nichtexistent zu erklären und kurzerhand abzuschaffen. So gibt es im Rahmen des Dritten Humanismus kein Eheproblem.

> „Wie für den Humanismus Kunst und Erziehung im Rück- und Vorblick auf das staatliche Geschick ihre letzte Rechtfertigung erfahren, so gibt es für ihn im modernen Sinn auch kein *Eheproblem*, da der Sinn der Ehe nicht vom Psychologischen oder Erotischen oder gar von der ganz schiefen Fragestellung nach der 'Gleichberechtigung der Geschlech-

> ter' aus zu fassen ist. Sondern sie ist im staatlichen Sinn der geweihte Ort, von dem die bluthafte [!] Zukunft des Staates ihren Ausgang nimmt und das Leben der Väter in den Enkeln seine Auferstehung feiert."

Punktum und Basta. (Zwischenbemerkung: Fällt es diesem Abrahamismus eines Dritten Humanismus gegenüber nicht geradezu schwer, nicht Antisemit zu werden?) Ebenso bagatellisiert der Dritte Humanismus die Probleme des Künstlerischen:

> „Die Griechen pflegten gebärende Mütter mit schönen Steinbildern zu umgeben, um durch das Auge der Mutter in geheimnisvoller Weise das reifende Kind im besten Sinne zu beeinflussen und es, schon ehe es die Welt erblickte, in den Kreis edelster Überlieferung seines Staates zu stellen... Die unfruchtbare moderne Problematik, ob und wie man zu einem Maßstab von Schön und Unschön in künstlerischen Dingen gelangen könne, ist völlig überflüssig, hat man einmal die humanistische Voraussetzung gewonnen, dass schön ist, was durch die innigste gestaltenreiche Durchdringung von Seele and Stoff die gesamte Wesenheit des Menschen [dessen „Sich-selbst-treu-sein in der Treue zum Staate verwirklicht wird"] zu ergreifen und wandelnd sein ganzes Lehen zu höherer Fruchtbarkeit zu steigern vermöge."

Dichtung ist im Reich des Dritten Humanismus eo ipso „national". „Der Begriff von 'nationaler Dichtung', wie er noch unlängst bei uns umlief, beruht auf einem völligen Missverständnis." Dichtung ist ihrem Wesen nach nationale Dichtung, und betonte „nationale Dichtung" als Sondergattung des Dichterischen ist nur unter einer bestimmten Voraussetzung denkbar: „Der Staat war eben nicht mehr Verwirklichung seines von den Ahnen überkommenen Erbes, er besaß keinen Maßstab von Gut und Schlecht mehr." Da in der Staatsidee des Dritten

Humanismus dieser Maßstab – von gut und schlecht – gegeben ist, kann nun auch die Problematik der Ethik abgeschafft werden: „Jede außerstaatliche Ethik, wie etwa die christliche, kann im entgötterten Staat mit vollem Recht ihre eigengesetzlichen Ansprüche melden.“ Es läuft dem eigensten Sinngehalt der Nation zuwider, wenn darüber reflektiert wird,

> „ob man nicht (im Kriege) schließlich nur eine Marionette in der kapitalistischen Interessenpolitik eines kleinen Klüngels gewesen sei, der die Redensart vom Altar des Vaterlandes klug zu nutzen verstand, so dass zu guter Letzt ungewiss wird, ob Soldatsein Mord oder Heldentum bedeutet.“

Der „Dritte Humanismus“ erwirbt sich mithin das Verdienst, beschwerliche Lebensprobleme in großzügiger Weise zu rationalisieren.

*

Das Schicksal dieses Humanismus ist schließlich, unsere alternative Voraussage bestätigend, das Schicksal des Platonismus. Den Beleg mag der Verfasser des „Dritten Humanismus“ selbst liefern:

> „Wie Galilei am Timaios, wird der Staatsdenker am Platonischen ‘Staat’ sich ausrichten. Übrigens sei, ohne auf der Ebene der Erfahrung die Frage nach der Wesensart des Staates zu erörtern, doch darauf hingewiesen, wie sehr Deutschland, wenn auch noch meist in trüber Vermischung mit andersartigen Antrieben, den Platonischen Gedankengängen entgegenreift, und es mutet uns widersinnig an, dass, seitdem eine nationale Selbstbesinnung Boden gewinnt, unter den Gebildeten der Angstruf erschallt, der deutsche Geist sei in Gefahr und die Barbarei drohe hereinzubrechen. Wäre schon im Krieg ein Mythos des deutschen Schicksals, ein Sinnbild unserer schönsten geistigen und

leiblichen Möglichkeit sichtbar gewesen, hätten wir Wuchs und Auge des so viel berufenen und ersehnten 'Deutschen Gottes' erblickt, wir hätten gleich den Franzosen aus der Verteidigung ihrer geliebten Erde von solcher Mitte her einen Kraftzustrom empfangen, stärker als jede Verzweiflung, hinreißender als jedes Verlangen nach Ruhe und Ende. So blieb unser Patriotismus blutlos und schönrednerisch und, weil er keinen göttlichen Glauben hatte, ohne den geheimnisvollen Zauber eines obersten Auftrages."

Es geschieht nicht aus Überheblichkeit gegen eine leidenschaftlich ringende Jugend, wenn hier das Motiv des „Deutschen Gottes" aufgegriffen und ein Wort versucht werden soll. Eine ehrlich gesehene humanistische Tradition enthält und liefert gern die Einsicht in die Bedingungen, wie das Problem gestellt werden darf und wie es nicht gestellt werden darf. Die Hauptbedingung ist die geforderte Koinzidenz der Strömung des Christentums und der Strömung des Idealismus. Nicht Theologie und Philosophie sollen zu diesem Zwecke bemüht werden. An der Empirie bestimmter Phänomene der jüngsten Geistes- und politischen Geschichte lassen sich anschaulich die Bedingungen des Deutschen Gottesproblems aufzeigen. Die vorliegenden Phänomene rechtfertigen es, von einem *Problem der Generale und Philosophen* zu sprechen:

General *Ludendorff*, als Stratege der größten Offensive, die bisher in der abendländischen Geschichte gegen die traditionelle Religion unternommen wurde, ist in der betrüblichen Lage eines Feldherrn, der auf einen natürlichen Bundesgenossen deswegen verzichten muss, weil er in Ansehung der Chancen der bevorstehenden Schlacht befürchten muss, dass dem andern der Hauptteil der Beute zufallen werde. Ludendorffs natürlicher Bundesgenosse – ebenfalls ein preußischer Offizier, vom kaiserlichen Gardeartillerie-Regiment, als Sohn eines hohen preußischen Offiziers ein Soldatenkind – ist

Eduard von Hartmann, der Philosoph von Weltgeltung, der früh die unbezweifelbare militärische Generalskarriere infolge Unfalls mit der Arbeit der Philosophie vertauschte, wobei er es immerhin – nach dem Urteil der öffentlichen deutschen Bildung – bis zum Feldmarschall gebracht hat. General Ludendorff ist auch auf seinem heutigen Schlachtfeld ein außerordentlich gründlicher Stratege von unbezweifelbarer Genialität. Wenn man eine Religion bekämpfen will – so sagt er sich –, darf man es nicht machen wie die vielen Dilettanten von „Freidenkern", „Humanisten" und gar „Gottlosen"; man hat bis auf die Fundamente zu gehen: man kann eine altgewordene Religion nur überwinden, indem man eine *neue* erfindet und an die Stelle der alten setzt. In dieser Einsicht steht er Eduard von Hartmann nicht fern, der in seiner Schrift „Die Selbstzersetzung des Christentums und die Religion der Zukunft" (1873) die Prinzipien der nach notwendigen Weltgesetzen einzig möglichen Zukunftsreligion ausführlich beschreibt – und es allerdings ablehnt, ein Religionsstifter zu sein. General Ludendorff steht dem praktischen Leben näher als der abstrakte Philosoph Eduard von Hartmann (1842–1906), der den größten Teil seines Lebens infolge eines Knieleidens liegend in seinem Studierzimmer verbrachte. General Ludendorff sieht die Arbeit der Erfindung einer neuen Religion als bereits geleistet an: Dr. Mathilde Kemnitz (Mathilde Ludendorff) ist die Schöpferin der „Deutschen Gotterkenntnis". Diese ist ein *Glaube* („Deutscher Gottglaube"), insofern sie Religion ist; und sie ist eine wissenschaftliche *Erkenntnis*, sofern in dieser neuen Religion der bisherige Zwiespalt zwischen Glauben und Wissen endgültig überwunden ist. Eine Darstellung der Prinzipien der Ludendorffschen Religion und der Eduard von Hartmannschen „Religion der Zukunft" würde zeigen, dass unsere Konfrontierung des Generals des Weltkrieges mit dem Feldmarschall der Philosophie nicht auf Willkür beruht. Gemeinsam halten beide die Überwindung (Ludendorff sogar die Ausrottung) des Christentums für unvermeidbar; gemeinsam betonen beide (Ludendorff mit kritisch polemischer Akzentuierung) die genetische Herkunft des Christentums aus dem frühgeschichtlichen arischen Indertum. Gemeinsam nehmen beide an (Hartmann philosophisch, Ludendorff quasi-philosophisch), dass die Wirklichkeit sich nicht erschöpft in einem logisch erfassbaren Geist; sie sehen beide das tiefste Fundament des Geistes in einem aus Urtiefen hervorbrechenden Lebensdrang, dessen Überwindung für Eduard von Hartmann das letzte Ziel seiner Religionsphilosophie ist, und der für General Ludendorff Äußerung eines zu bejahenden Lebens- und Machtwillens ist. Beide lehren die Einwohnung (Immanenz) Gottes im Menschen und nehmen dadurch einen religiösen Standort ein, der tatsächlich dem Standpunkt des dogmatischen christlichen Theismus, der den Gott außer und über den Menschen versetzt, überlegen und zeitgemäß ist. Von jedem auf die *Vergangenheit* orientierten Bildungs-Humanismus unterscheiden sich beide durch die imponierende Zuversicht, dass die schöpferische Aktivität des Geistes in der bedeutenden Persönlichkeit *in der Gegenwart* das Höchste und Größte ist.

Warum aber muss nun Ludendorff dennoch auf das strategische Zusammenwirken mit seinem so potenten, höchstrangigen Bundesgenossen Eduard von Hartmann bitteren Verzicht leisten? Diese Frage führt vor den Hiatus, vor den *alles* „national" bedingte heutige Geistwollen sich gestellt sieht. Diese Frage zielt genau auf die Forderung, die für uns im Zentrum des Humanismusproblems steht: dass die Kontinuität des *geistigen* (nicht bloß „humanistischen") Ursprungs unserer aus Geschichte herauswachsenden gegenwärtigen Existenz nicht ruiniert werden darf und soll. Ludendorff will hundertprozentiger nationalgeistiger Autarkist sein: so verbleibt ihm nur die frevelhafte Destruktion der Ursprünge. Eduard von

Hartmann *will* aus letzter höchster geistiger Verantwortung die Wahrung der Kontinuität des Ursprungs des einheitlichen Menschheitsgeistes und sieht nur in solcher Verantwortlichkeit die Gewähr für eine mögliche geistige Zukunft. Er steht auf den Höhen der *Philosophie*, als der größten Offenbarung des *Welt*-Geistes von Plato bis zu den deutschen Klassikern. Ob Hartmann in diese Kontinuität das Christentum einzubauen vermochte oder nicht vermochte, das ist sein Schicksal. Und vielleicht ist dieses persönliche Schicksal repräsentativ für die letztvergangene Epoche.

Wollte man sich die Situation der „Generale und Philosophen“ in einem geschichtlichen Bild und Symbol verdeutlichen, so müsste man auf jene uns heute mythisch anmutenden Kämpfe des Mittelalters zwischen Päpsten, Kaisern und Königen zurückgehen und müsste Ludendorffs Aspirationen versinnbildlicht sehen in dem Autarkismus des französischen Nationalkönigtums, das aus der Linie der Aufgabe des Römischen Reiches Deutscher Nation in egoistischer Willkür ausbrach (Philipp der Schöne), und man müsste Eduard von Hartmann vergleichen mit dem großgearteten Wollen der Hohenstaufenkaiser. *Welt*-Formungswille und egoistisch *nationaler* dunkler Formdrang standen damals und stehen sich heute gegenüber. Der Traum des Römischen Reiches Deutscher Nation sei endgültig ausgeträumt, versichert uns der „Dritte Humanismus“ (Helbing S. 49). Als ob wir nicht noch immer mitten im Kampf um die Aufrichtung des „Reiches“ stünden, in dem die Repräsentation des *Geistes* und die Repräsentation der *Welt* die zukunftmögliche Einheit eingehen sollen! Auf die Rettung galvanisierter Leichname historischer Formen wird es in diesem Kampfe wenig ankommen. Die bebrillte Kurzsichtigkeit humanistisch-historischer „Bildung“ versteht heute unter dem „Reich“, was je der *konfessionelle* Standpunkt vorschreibt: Der Deutsche als Katholik sieht das Oberhaupt der Christenheit dem vor ihm knienden Kaiser die Krone aufs Haupt setzen; der Deutsche als Protestant imaginiert die Idee eines sakralen Cäsarentums und sieht den Papst dem Hohenstaufenkaiser die Steigbügel halten. Beides wird Illusion sein. Schon *Dantes* Schau (Monarchie) war größer und zukunftträchtiger: Geist und Welt stehen nicht in einem Verhältnis weder der Über- noch Unterordnung; sie urständen gleichwesentlich und gleichberechtigt in Einem. Zunächst hatte die abendländische *Philosophie* diese Idee des Einen, dieses Monon aufgenommen und Eduard von Hartmanns *Monismus* ist dessen ein Zeuge. Man muss eine gewisse intimere Empfindung entwickeln für die Art, *wie* Eduard von Hartmann, der Feldmarschall der deutschen Philosophie, philosophiert. Das ist von ganz anderem Format als jede Art von akademischer Bildungsphilosophie. Das ist Tun eines verantwortlichen *Welt*-Strategen. Eduard von Hartmann – Nachfolger Hegels – denkt entwicklungsgeschichtlich, er sieht eine lange Entwicklung des „Weltprozesses“ aus einem Urzustande bis zur Gegenwart und in die Zukunft hinein als Prinzip alles Weltverständnisses an. Seinem eigenen monistischen Pantheismus weist er als objektiver Betrachter die ihm zukommende Stelle im Entwicklungsprozess der Welt und des denkenden Menschengeistes an: In seinem Vorgänger Hegel hatte sich der Weltgeist auf seiner bisher erreichten höchsten Stufe manifestiert, Hartmann selbst übernimmt aus Hegel das für die Zukunft Wertvolle und Brauchbare und stellt nunmehr in seinem eigenen System die letzte Stufe im Bewusstsein des Absoluten, d. h. die für die Gegenwart maßgebliche *Wahrheit* dar. Das ist bei Eduard von Hartmann keine persönliche Überheblichkeit. Der Weltgeist ist ja doch für von Hartmann gleichbedeutend mit dem überpersönlichen Gesetz einer im strengen Denken zu erfassenden logischen Notwendigkeit. Die Gedanken dieses Weltgeistes sind von großartiger Unpersönlichkeit. Hartmann fühlt sich wie eine Art verantwortlicher Verwalter der logischen Weltgedanken, über die er disponiert wie der Stratege auf der Generalstabskarte über die – für ihn – unpersönlichen Soldaten.

Der Platonismus von Hartmanns und Hegels übt Statthalter- und Treuhänderschaft gegen den Logos der Welt-Gedanken. Hier entspringt das Problem „Deutschen Gottes" als ein *Welt*-Problem: Aus der Urkraft deutscher Innigkeit erwartet die Welt die Entscheidung darüber, ob die Hoffnung berechtigt ist, dass der Logos in Wahrheit dadurch der Welt angehört, dass er die Wesensoffenbarung des existenziellen *Menschen* ist; dass Mensch und Welt ebenso unzertrennbare Entsprechungen sind, wie bisher Mensch und Welt oder wie Mensch und Gott unversöhnte Gegensätze waren.

Oben zitierten wir den entscheidenden Passus, mit dem die Weltansicht Goethes gegen den abstrakten Monismus Hegels den *christlichen* Standpunkt begründet. Der christliche Standpunkt ist derjenige der unvergleichlich einmaligen menschlichen Individualität, die sich als das Herz des Universums weiß – sich als dies weiß auch in der *Erkenntnis*tätigkeit des Subjektes. Wir belegten diese Erkenntnistheorie der Weltanschauung Goethes durch Sätze Steiners. Diese Sätze sind enthalten in einer Schrift (Wahrheit und Wissenschaft), die Rudolf Steiner „Dr. Eduard von Hartmann in warmer Verehrung zugeeignet" hat. Dieser Akt war ein Glied in der Kette dauernder Auseinandersetzung der beiden Männer. Von diesem stillen Kampf zweier befreundeter Denker, die sich die Differenzen ihrer Wahrheitsauffassung nicht zu verhehlen brauchten, wird man vielleicht einmal empfinden, dass er Welt-Geschichte bedeutet, denn vielleicht ist der Tageslärm der politischen Vordergründe nur der Schatten und Widerschein des primären Kampfes zwischen bedeutenden Geistern.

Der Verfasser dieses Aufsatzes bekennt sich als Schüler zu Rudolf Steiner. Dieses Bekenntnis soll hier nicht wegfallen.

Wegfallen soll auch nicht eine Andeutung wenigstens über seine Auffassung von Anthroposophie: Anthroposophie ist zunächst die organisierte Form eines sich an Steiner anschließenden gesellschaftlichen Karmas oder Schicksals. Diese Form ist – wie jede echte Schicksalsform für jeden echten Geistigen – unantastbar, unantastbar in ihrer Qualität als Schicksal. Anthroposophie ist außerdem für die Öffentlichkeit und für die nicht in jenem Schicksal Verhafteten *ein Problem*, sie „ist" noch keineswegs dieses oder dieses: sie ist ein *Kampfplatz freier Geister*, aus deren Kampf hervorgehen soll, wen die Schicksal formende Kraft Steiners angeht.

Auf diesem gemeinten Kampffelde wird auch die Frage sinnvoll und möglich werden, welche Beziehung besteht zwischen *Dantes* Zwei-Kaiser-Idee (weltlicher und geistiger Kaiser) und des „Thomisten" Steiner „Drei-Kaiser-Idee" (Dreigliederung des sozialen Organismus).

Philosophische Anthropologie

(Zu: Helmuth Plessner, „Die Stufen des Organischen und der Mensch, Einleitung in die philosophische Anthropologie". 346 S. Verlag W. de Gruyter, Berlin und Leipzig 1928.)

Der überraschende Tod *Max Schelers* (19. Mai 1928) gab Vielen Anlass zur Besinnung auf den Stand der philosophischen Arbeit. In einem tieferen Sinne als seine Zeitgenossen war Scheler der Repräsentant gegenwärtigen philosophischen Wahrheitsstrebens: alles weniger als ein Systematiker, der aus einer Urkonzeption die Welt umspannt, riss er hin durch die Genialität einer bedeutenden Persönlichkeit, ließ er an den Wandlungen seiner philosophischen Proteus-Gestalt das von ihm selbst bekämpfte Grundübel dieser Zeit gewahr werden: den zersetzenden, bodenlosen Relativismus. Dessen Überwindung (nachdem er in der Anlehnung an die katholische Philosophie gescheitert) suchte er schließlich mit tiefem Instinkt in dem Fundament einer *„philosophischen Anthropologie"*. Die Nekrologe beklagen, dass sie nicht zustande kam. Aber auch in einer ausgebauten Lehre vom Wesen des Menschen würde *Scheler* die absurde Überheblichkeit der Gegenwart dokumentiert haben: das geflissentliche Vorbeisehen an der anthroposophischen Wissenschaft vom universellen Wesen des wirklichen Menschen.

Aus dem Scheler-Kreise stammt das Werk *Plessners*. Von der Zoologie herkommend, ist der Verfasser darin typisch für wertvolle Bemühungen des 20. Jahrhunderts, dass er von Anfang an Zoologie im Hinblick auf ein geistiges Weltbild betrieb. Sein Ausgangspunkt ist die Spannung zwischen Naturwissenschaft und Philosophie. Gegenüber dem Inhalt des Werkes, das für den Fachmann reiche Anregung bietet, kann es sich hier nur um die Frage handeln: Wie vereinigt Plessner Naturwissenschaft und Philosophie, wie die „Bewusstseinsansicht" und die

„Naturansicht“ der Welt? Seine Lösung läuft darauf hinaus, die zahllosen aussichtslosen Versuche der Versöhnung von Materialismus und Idealismus um einen weiteren vermehrt zu haben. Es gelte, aus neuen Perspektiven die Verbundenheit von Natur und Geist und die Stellung des Menschen zu bestimmen, wenn nicht das Geistige nach bekanntem Rezept zum einfachen Überbau einer bestimmten Art tierischen Daseins werden und damit nur einer modernen „biologischen“ Form des alten Naturalismus zum Siege verholfen werden solle (S. 5). Die neue Perspektive wird aber sogleich verbaut durch eine schiefe Problemstellung: „*Entweder* ist der Mensch mit allen seinen Eigenschaften, körperlich und geistig, das letzte Glied der organischen Entwicklung auf der Erde. Dann ist sein Bewusstsein, sein Gewissen, das Formensystem seines Geistes und damit seine Kultur ein Nebenprodukt, das Resultat der Großhirnentwicklung, des aufrechten Ganges, bestimmter Veränderungen der inneren Sekretion usw. Wie es zu diesem Resultat kommt und aus körperlichen Tatsachen geistige Dimensionen werden, bleibt ganz rätselhaft. *Oder* seine eigene Naturgeschichte in Verbindung mit der Geschichte der Organismen ist wie die ganze Natur eine Konstruktion des Menschen nach Maßgabe der apriorischen Grundformen seines Geistes und im Rahmen seines Bewusstseins. Wie freilich der schöpferische Geist zu dieser konkreten Existenz ‘in’ einem Menschen, zu dieser Abhängigkeit von seinen physischen Eigenschaften kommt, bleibt ebenso rätselhaft.“ (S. 5). Diese Alternative ist falsch, und sie ist – man muss das ungescheut aussprechen – in Ansehung des Ereignisses Anthroposophie überholt und wissenschaftlich nicht auf der Höhe. Von einer richtigen Fragestellung ist *Plessner* nicht allzuweit entfernt. Er sieht ein, dass die Einheit aus Natur und Geist als Produkt des „irgendwie im Menschen Ereignis gewordenen schöpferischen Geistes“ zu suchen sei (S. 6). Er setzt aber die Möglichkeit eines solchen Ereignisses gar nicht in Rechnung und hat darin allerdings recht, dass es eine „unwürdige und unerträgliche Lage von unwiderstehlicher Komik“ wäre, „den Menschen als Produkt seiner Philogenie und die Philogenie als Produkt des Menschen gelten zu lassen“. Hier hat *Anthroposophie* ganz neue Perspektiven zu eröffnen. Sie zeigt, dass der Menschenbegriff, mit dem der Anthropologe „philosophisch“ arbeitet, just der Menschenbegriff des alten „Naturalismus“ ist. Anthroposophie gewinnt das Menschenbild und die „konkrete Existenz“ des Geistes nicht an des Menschen Naturdasein. Sie findet auf dem Urgrunde der Welt den *übersinnlichen Menschen* als dasjenige Wesen, *durch* das die Welt ist. An einem *Erkennen*, das als „schöpferisches Ereignis“ auftritt, erarbeitet sie den Sinn und die Stellung des Menschen im Weltprozess. In der Analyse des Erkenntnisaktes zeigt Rudolf Steiner erst, was der Anthropologe glaubt voraussetzen zu dürfen: was der Mensch sei. Dieser Mensch in Wahrheit selbst ist es, der den Ur-Inhalt der Welt auseinanderlegt in eine Seite der naturhaften Sinnlichkeit und in eine solche des Geistes, um in seiner Erkenntnisarbeit die Spaltung aufzuheben durch die Vergeistigung der Natur. Von einer Wirklichkeit, an deren Zustandekommen der Geist des Menschen nicht beteiligt wäre, kann ebensowenig die Rede sein, wie von einem bloßen „Überbau“-Charakter des menschlichen Geistes.

Der „übersinnliche Mensch“ darf nicht missverstanden werden als Ersatz für den spekulativen Gottesbegriff, denn er fällt in einem strengen Sinne in die erweiterte *Erfahrung*. In der Anschauung des übersinnlichen Menschen realisiert sich dasjenige überintellektuelle „Leben“, dessen *Herablähmung* das „biologische“ gewöhnliche Bewusstsein ist. Anthroposophie – im Gegensatze zu *Bergson*, den *Plessner* treffend kritisiert – braucht nicht dem gegenwärtigen unentwickelten wissenschaftlichen Denken den Mut zu nehmen, die „Einheit der

Erfahrungsrichtung in Natur *und* Geschichte" je zu erreichen. Auch sie durchschaut die Illusion der Bergsonschen vorintellektuellen Erlebnis-„Intuition" und kann das Bewusstsein deswegen auf den Weg der Erkenntnis-*Schulung* verweisen, weil sie an dem Ereignis gewordenen offenbaren Erkennen und an dem Bewusstsein des übersinnlichen Menschen die Spannung zwischen diesem und dem gewöhnlichen Bewusstsein zur Grundlage einer groß angelegten Pädagogik zu machen versteht.

Der übersinnliche Mensch ist dasjenige Wesen, durch das der Weltinhalt in der Gestalt der *Wahrheit* auftritt. Wie alle Wahrheit im Sinne Rudolf Steiners ist die Wahrheit des übersinnlichen Menschen nicht eine des erkannten *Seins*, sondern eine des hervorbringenden geistigen *Schaffens*. Das Auftreten der Wahrheit im Menschen macht erst die volle Wirklichkeit der Welt aus. Die anthroposophische Aufgabe kann nicht im Sinne *Plessners* „Heuristik der menschlichen Existenz" sein, vielmehr: in der Aufgabe der *Menschwerdung* beleuchtet Anthroposophie durch das *Ziel* der Menschenbestimmung das *Herkommen* des „biologischen" Menschen in der *Gegenwärtigkeit* des übersinnlichen Menschen. Als Grund und Produkt der Menschwerdung ist der übersinnliche Mensch das *Wesen*, dessen *Erscheinung* den wahren Inhalt sowohl des Geschichts- als des Naturprozesses ausmacht.

Die anthroposophische Kritik an dem misslungenen Versuche *Plessners*, Realismus und Idealismus zu versöhnen, kann in dem modifizierten Satz *Rudolf Steiners* aus den Einleitungen zu den naturwissenschaftlichen Schriften *Goethes* gefasst werden: Die Realisten begreifen nicht, dass das Objektive der Geist des übersinnlichen Menschen ist, die Idealisten nicht, dass der Geist des übersinnlichen Menschen objektiv ist.

Nachwort und Hinweise des Herausgebers

Ob Karl Ballmer (1891-1958) mit der Tatsache und vor allem mit der Form der Veröffentlichung der hier zusammengestellten Texte einverstanden „wäre", mag wie immer diskutiert werden. Textauswahl, Buchtitel und anderes bereiten Kopfzerbrechen. Indes treten alle Herausgeberprobleme regelmäßig in den Hintergrund gegenüber Ballmers eigenem „Problem", das sich massiv durch die Jahrzehnte seines schriftstellerischen Schaffens zieht und „Rudolf Steiner" heißt.

Nicht allein der Umfang und die Tiefe seiner philosophisch-geisteswissenschaftlichen wie sonstigen Bildung, sondern mehr noch und damit ineins sein unerbittlich wahrhaftiges intellektuelles Stellungnehmen zeichnen Karl Ballmer im anthroposophischen Umkreis bis heute singulär aus. Der damit angezeigte Bedarf rechtfertigt es, den im Verlag Fornasella und bei Edition LGC existierenden Reigen gedruckt vorliegender Schriften nochmals zu erweitern.

Im etliche tausend Seiten umfassenden Nachlass Ballmers lässt sich wenig Papier finden, auf dem es ihm *nicht* „ums Ganze ging". Dies soll kein salopper Sprachgebrauch sein, sondern meint „das Ganze des Problems". Ballmer schreibt am 3. Dezember 1949 an Erich Brock:

> Ich meine mich nicht erinnern zu können, Ihnen innerhalb unserer brieflichen Begegnungen eindeutig offenbart zu haben, dass meine Existenz (!) absolut und restlos auf der Tatsache Rudolf Steiner steht. Damit ist Schmerzhaftes verbunden; z.B. die peinliche Aufgabe, unvornehm sein zu müssen. (...) Meine Stellung als Publizist musste notwendig, von außen besehen, zwitterhaft sein, undurchsichtig. Nach innen, als Anthroposoph, versuche ich seit etwa 1928 geschätzte Mitanthroposophen zu erwärmen für ein PROBLEM „Anthroposophie"; es scheint, dass ich inzwischen diese Versuche als hoffnungslos aufgegeben habe. (...)
> Heute stehe ich tief innerlich ruhig im Bewusstsein, das gemeinte Problem Anthroposophie auf der Hand zu haben, und träume gelegentlich davon, zu potentiellen Partnern (die ja irgendwie mit dem Rücken an die Positionen v. Hartmanns und Hegels angelehnt wären) über das Problem zu verhandeln. Ein natürlicher physischer Mensch *wird*, was er (in Ewigkeit) schon immer *ist*. Das wäre das GANZE des Problems; in dieses Problem sind alle jemals auf-

getretenen Ansprüche von Kosmologie, Theologie, Anthropologie, Psychologie, Biologie und Physik einzubefassen. Wenn dieses „Problem Anthroposophie" einen Clerus minor nichts angeht, so glaube ich doch hoffen zu sollen, dass es anspruchsvolle, selbsttätige ausgewachsene Intelligenzen zu affizieren vermöchte, wenn es in begrifflich redlicher und sauberer Art entrollt wird.

Diese Intention sehen wir auch bereits in den sechs hier ausgewählten, in Ballmers Hamburger Jahren (1922-1938) entstandenen Texten. So unterschiedlich und speziell ihre Schreibanlässe und Zeitbezüge auch sind, dienen sie Ballmer doch alle zur Präsentation seiner Perspektive auf das Ereignis Anthroposophie. Sich diesem mit Sinn zu nähern, ist hier keine Frage von deren vielfältigen Inhalten, sondern der „Methode" – darin mag der Titel der vorliegenden Zusammenstellung gerechtfertigt sein.

Nach dem mittlerweile aufgegebenen Projekt der *Rudolf Steiner-Blätter*[1] von 1928 bis 1930, die das „Problem" auf dem öffentlichen Forum akademischer Bildung entwickeln wollten, richten sich die beiden Aufsätze *Albert Steffen – ein Lehrer der Anthroposophie* (1935) und *Die Karma-Orientierung der Erkenntnisfrage* (1933) eher nach „innen" an die „Erkenntnisgemeinschaft der Anthroposophen", wobei Steffen bereits Opfer der später vielgescholtenen Ballmerschen Unvornehmheiten wird. Die „Kinderkrankheiten der werdenden Weltangelegenheit 'Anthroposophische Gesellschaft'", mit denen wir „behelligt" werden, sind, auch wo Ballmer „im Interesse der Sachlichkeit und der Wahrheit nicht bange" in der Wortwahl ist, nicht eigentliches Thema, sondern Material zur Verdeutlichung. Ob und wo Ballmer den Steffen-Text (als „für die Öffentlichkeit bestimmte Schrift" – siehe S. 33 – ist das Manuskript tatsächlich entsprechend sauber vorbereitet) zu veröffentlichen dachte, ist ungewiss. Der Entwurf zur *Karma-Orientierung* ging umgearbeitet in Ballmers Schrift *A. E. Biedermann heute*[2] ein.

1 Siehe die bei Edition LGC erschienenen Bände *Das Ereignis Rudolf Steiner, Anthroposophie und Christengemeinschaft* und *Die Überwindung des Theismus als Gegenwartsaufgabe*.

2 Troxler-Verlag, Bern 1941; heute auch in *Umrisse einer Christologie der Geisteswissenschaft*, Verlag am Goetheanum, Dornach 1999.

Eine Betrachtung des persönlichen Verhältnisses zwischen Ballmer und Steffen wäre ein Thema für sich, das jedoch zum Sachverständnis der Texte nichts beitragen könnte. Folgende Stelle aus einem Brief an Ulrich Neuenschwander vom 14. Dezember 1947 kann die Situation in mehrfacher Hinsicht beleuchten (die gemeinte „kritische Bemerkung“ ist fast wortgleich mit der Passage S. 66f. des vorliegenden Bandes):

> In meiner Biedermann-Schrift findet sich eine kritische Bemerkung hinsichtlich einer theoretischen Auffassung Albert Steffens; meine Kritik an Steffen erfolgte in einer sachlichen und durchaus akademisch möglichen und üblichen Form. Gewisse Sektierergeister in Dornach nahmen aber meine Äußerung über Steffen (den ich von jeher für eine Null gehalten habe, sogar in Äußerungen zu R.St. persönlich) zum Anlass für ein übles Kesseltreiben gegen – Eymann, als Herausgeber und Verleger. Effekt war, dass Eymann meine Schrift aus seinem Verlage heraus nahm, und mir – als einem Abgeschriebenen – freundliche Wünsche für mein weiteres persönliches Fortkommen und Wohlergehen sandte. Ich bin dem Guten nicht gram, heute kann man in seiner „Gegenwart“ die massivsten Angriffe auf den stoffeligen Herrn Steffen finden, so unter der Marke „Abwehr von Unfug“. Es versteht sich natürlich von selbst, dass es weiter nicht aufregend sein kann, wenn eine „anthroposophische Bewegung“ ihre Kinderkrankheiten, Masern, Scharlach usw. durchzumachen hat. Bei diesen Schmerzen erlaube ich mir die Rolle des Zuschauers.

Dass Ballmers Stellung zu Steffen über ein unbeteiligtes Zuschauen hinausging, belegt sein Brief an Emil Leinhas vom 26. März 1953, der bei dieser Gelegenheit vollständig publiziert sei:

> Anlässlich von:
> Zur gegenwärtigen Lage in der Anthroposophischen Gesellschaft und wie es dazu kam.
>
> Sehr geehrter Herr Leinhas!
> Ich habe den Gedanken, dass Sie etwas erkennen, was den Schweizern als Miteidgenossen zu erkennen schwer fällt oder unmöglich ist. Ich halte seit reichlich 20 Jahren den Albert Steffen in moralischer Hinsicht für einen Schuft und in intellektueller

Hinsicht für einen Trottel. Ich kann die Empfindung nicht abwehren, dass Ihr Urteil in der gleichen Richtung liegt.

Sehr schwierige Fragen treten auf: Wiese hat R.ST. in der bekannten Weise Steffen "protegiert"? Ein Mysterium! – aber doch ein solches, vor dem der gesunde Verstand nicht einfach zu kapitulieren braucht.

Erlauben Sie mir einen Vergleich anzustellen zwischen dem Steffen-Mysterium und dem Franz Brentano-Mysterium. Als R.ST. in Wien studierte, war Brentano, nachdem er den Priesterrock ausgezogen und den ersten Band seiner "Psychologie vom empirischen Standpunkt" veröffentlicht hatte (1874), Dozent der Philosophie an der Wiener Universität. Der Student R.ST., der nebenher die Einleitungen zu Goethes N. Schr. verfasste, wird gelegentlich auch mal in das berühmte Kolleg Brentanos hineingerochen haben. Es wäre interessant, die Urteile zu kennen, die R.ST. damals über Brentano fällte. Kein Zweifel, dass sie vernichtend waren. Brentano ist der Inbegriff des Konträren zu allem, was von R.ST. ausgeht. Sonderbarerweise "protegierte" R.ST. seit 1910 (Psychosophie) und dann 1917 (in "Von Seelenrätseln") den Anti-Anthroposophen Brentano. Man kann sich diese Protektion zum tiefen Rätsel werden lassen. Man tut gut, sich die Liebe R.Sts. zu Brentano daraus zu erklären, dass in Brentano das zu überwindende Unvermögen als Erzböses bedeutender ist als sonstwo. Brentano ist ein einziger wüster Insult gegen die Anthroposophie, aber er repräsentiert zugleich diejenige Gestalt des Anti-Anthroposophischen, das andrerseits die größte Nähe zum Anthroposophischen enthält – weil die Realität sich nun einmal in Widersprüchen darstellen muss.

Ich lasse mir vom Brentano-Mysterium (über das sehr viel gesagt werden könnte, wenn die lieben Anthroposophen nicht so bedeutend andere Sorgen hätten) das Steffen-Mysterium beleuchten.

Mit freundlichen Grüßen
Karl Ballmer

N.B.

Besteht eigentlich keine Möglichkeit, von der Nachlassverwaltung aus den Phil.-Anthr. Verlag wegen ev. Nichterfüllung von Pflichten derart juristisch ins Unrecht zu versetzen, dass seine

> Liquidierung möglich ist – mit dem Ziele, einen einzigen Verlag zu haben, damit die Beleidigung Rudolf Steiners abgeschafft wird, die darin besteht, dass es heute zwei sich streitende Verlage für den Vertrieb seines Werkes gibt?

Ebenfalls an ein anthroposophisches Publikum wenden sich die *Betrachtungen zu G. Kolpaktchys Metaphysik der absoluten Möglichkeit* aus der Zeitschrift „Die Drei“ vom April 1930. Ballmer hatte den fast gleichnamigen Aufsatz von Gregoire Kolpaktchy[3] in der Dezembernummer 1929 gelesen und der Redaktion (Erich Schwebsch und Kurt Piper) umgehend seine heftige Kritik angemeldet. Seine Sachkritik bezog sich, wie der Text zeigt, auf die inhaltliche Position Kolpaktchys, die er in diametralem Gegensatz zur Anthroposophie sah. Ballmers Kopfschütteln galt jedoch mehr noch der unbedachten Aufnahme eines Artikels, der Steiner und die Anthroposophie zwar mit keinem Wort erwähnt, aber gerade dadurch eine Nähe zur Anthroposophie suggeriert, in die „offizielle“ anthroposophische Zeitschrift. In einem Brief an Emil Leinhas vom 30. März 1930 schreibt er:

> Unbegreiflich ist mir aber die verschlafene Verantwortungslosigkeit der Schriftleitung. Eine anthroposophische Zeitschrift ist doch schließlich keine Sammeltopf für schöngeistige Literatur. Ich erwähne dies, um zu betonen, dass begründete Kritik nach mehreren Richtungen hin möglich und – notwendig ist, wenn es ein fruchtbares Weiterkommen geben soll.

Ballmer bittet eindringlich, seine Replik umgehend, d.h. in der Januarnummer, zu veröffentlichen. Hermann Poppelbaum, mit dem Ballmer in Hamburg in regelmäßigem Kontakt steht und der als Zweigleiter seinerseits ständigen Austausch mit der „Drei“-Redaktion hat, urteilt: „Ich kann mir gar nicht denken, dass Kolpaktchy irgendetwas vom Wesen der Anthroposophie verstanden hat.“ Schwebsch bedankt sich bei Ballmer für den Artikel und schreibt: „Eine Diskussion über diese Fragen, die durch den Aufsatz von Kolpaktchy heraufgekommen ist,

3 Gregoire Kolpaktchy: Betrachtungen zur Metaphysik der absoluten Möglichkeit – als Grundlage einer geistigen Weltanschauung. Die Drei, 9. Jg (1929), Nr. 12. Der Aufsatz sowie Kolpaktchys Replik auf Ballmer können bei Interesse von unserer Internetseite www.edition-lgc.de geladen werden.

finde ich viel interessanter als den erwähnten Aufsatz selbst." Trotzdem wird mit der Veröffentlichung bis zur Aprilnummer gewartet, weil Kolpaktchy Gelegenheit zur Stellungnahme haben soll. Wie unüblich eine kontroverse Diskussion damals in der Zeitschrift war, zeigt sich auch daran, dass die Redaktion sich, als die Texte der Kontrahenden schließlich gedruckt werden, zu folgender Vorbemerkung veranlasst fühlte:

> „Wir geben im Folgenden einer Diskussion Raum in der Erwägung, dass es unter allen Umständen in anthroposophischen Fragen Gepflogenheit bleiben muss, die größte Liberalität walten zu lassen und jedem redlich Strebenden, der aus eigenem Ringen um Anthroposophie zu selbständigen Erkenntnissen vorgedrungen ist, möglichst uneingeschränkt das Wort zu gewähren. Eine Diskussion auf geistigem Niveau fördert in jedem Falle Gutes und Fruchtbares zutage; denn im Hause der Anthroposophie sind viele Wohnungen, und man dokumentiert sein Darinnenstehen in der Wahrheit nur dadurch, dass man jeden Einzelnen auf seinem individuellen Sonderwege, vorausgesetzt, dass es ihm nur um die Wahrheit zu tun ist, respektiert und gelten lässt."

Ballmer indes dürfte wenig an einer Diskussion gelegen haben. Es dürfte schon 1930 für ihn gelten, was er 1953 im *Briefwechsel über die Motorischen Nerven* bekundet:

> Es liegt mir nichts ferner, als mit Erkenntniswissenschaftlern in eine „Diskussion" einzutreten. Ich lege meine Ideen vor; man mag sie ansehen oder nicht ansehen.

Ballmer kündigte der Redaktion Ende April einen Folgeartikel an, den er „Anthroposophie und Theismus" betiteln wolle. Es kam offenbar keine Reaktion von Schwebsch und Piper. Vermutlich hatte Ballmer die beiden mit brieflichen Vorwürfen wie „Genau so muss man es machen, wenn man Anthroposophie systematisch ruinieren will." bereits zu sehr brüskiert.

In *Philosophie und Besseres* versucht Ballmer sein Zentralthema in knapper Form vor einem etwas anderen Forum darzustellen: Willy Storrer, der Gründer des „Verlages für freies Geistesleben", hatte den Text in den 3. Band seiner Zeitschrift „Individualität" (Hefttitel „Zur Signatur der Gegenwart", Dornach 1928, Teilnachdruck 1930 als

„Gesicht der Gegenwart“) aufgenommen, ein Projekt, das auf andere Weise ebenfalls der Vermittlung von „innen“ und „außen“ der Anthroposophie dienen sollte.[4]

In *Der 'Dritte Humanismus'* bezieht Ballmer auf philosophischer Ebene Stellung gegen das anschwellende „Dritte Reich“, das seine jüdische Frau und ihn wenige Jahre später zur Flucht in die Schweiz bewegen wird. Auch dieser Blick in die geistigen Niederungen wird vom entwickelten Standpunkt „Anthroposophie“ aus geworfen. Der Text war veröffentlicht in „Der Kreis“, 10. Jahrgang 1933, Heft 1, S. 7-21. Diese seit 1924 monatlich in Hamburg erschienene „Zeitschrift für künstlerische Kultur“, für die beachtliche Autoren wie Le Corbusier, Ludwig Klages, Max Beckmann oder Rudolf Alexander Schröder schrieben, verdeutlicht das lebendige Milieu, in dem Ballmer in Hamburg lebte. Der Text ist eine Besprechung des gleichnamigen Buches von Lothar Helbing (Pseudonym für Wolfgang Frommel, 1902-1986). Laut einer Notiz im Nachlass war Helbing (zusammen mit Ballmers Förderer Max Sauerlandt) zu Besuch in Ballmers Atelier (27. Oktober 1932), wobei Ballmer ihm einen Durchschlag seiner Kritik gab.

Mit Datum vom 30. Januar 1933 bedankt sich Hermann Poppelbaum für das ihm zugesandte Heft mit Ballmers Aufsatz. Mit diesem Januarheft wird „Der Kreis“ eingestellt. Ballmer notiert sich auf den Rand des Briefes: *Am 30. Januar 1933 Hitler zum Reichskanzler ernannt.*

Philosophische Anthropologie, ebenfalls eine Buchbesprechung, erschien in der anthroposophischen Wochenschrift „Das Goetheanum“, Dornach, Jahrgang 8 (1929), Nr. 26. Der Eindruck, dass Ballmer auch hier den Schreibanlass für seine Zwecke instrumentalisiert und auf dem engen Raum dem besprochenen Buch[5] nicht gerecht werden kann, bestätigt sich in einem Brief an dessen Autor:

4 Vergleiche hierzu die hochinteressante Publikation „Der Kreis der Individualität – Willy Storer im Briefwechsel mit Oskar Schlemmer, Hermann Hesse, Robert Walser und anderen“, hrsg. von Ralf Lienhard, Haupt Verlag, Bern 2003, in der auch Briefe von und an Ballmer abgedruckt sind.

5 Helmuth Plessner, Die Stufen des Organischen und der Mensch. Einleitung in die philosophische Anthropologie. Berlin/Leipzig 1928.

Hamburg, den 26. Juni 1929

Herrn Prof. Dr. Helmuth Plessner, Köln, Universität

Sehr geehrter Herr!

Der Besprechung Ihres „Die Stufen des Organischen ..." (ich ließ sie Ihnen als Drucksache zugehen) habe ich als Entschuldigung beizufügen, dass sie sich bewusst ist, dem inhaltlichen Reichtum Ihres Buches entfernt nicht gerecht zu werden. Das lag an der Knappheit des zur Verfügung stehenden Raumes, wohl aber noch mehr an der Absicht des Verfassers, eine große philosophische Grundlinie herauszusehen, die sich in Beziehung bringen ließ zu Anthroposophie. Solche Schematisierungen wie die Gegenüberstellung von Idealismus und Realismus mögen sich heute altmodisch ausnehmen, können aber dennoch von Wert sein, wenn man einsehen will, dass das Chaos gegenwärtiger Philosophie noch stets auf die ungelöste Frage des Verhältnisses von Naturwissenschaften und Geisteswissenschaften zurückweist. Das Zentrum der Arbeit Steiners ist jedenfalls die Versöhnung von naturwissenschaftlicher Empirie und 'Geisteswissenschaft'. Der philosophische Begriff der letzteren ist noch viel zu wenig herausgearbeitet. – In „Rudolf Steiner-Blättern", die ich Ihnen zur Kenntnisnahme zuzusenden mir erlaube, versuche ich philosophisch für Steiner einzutreten.

In vorzüglichster Hochachtung

Karl Ballmer

Hermann Poppelbaum vermittelt den Aufsatz an Albert Steffen als Chefredakteur des „Goetheanum". Ballmer bedankt sich brieflich – hier heißt es noch „Lieber Herr Steffen!" – am 6. Juli 1929 für die Aufnahme:

> Ich bin Ihnen dankbar, dass Sie den von Dr. Poppelbaum veranlassten und Ihnen übermittelten Aufsatz über Plessners 'Philosophische Anthropologie' gebracht haben. Ich möchte ja gar nicht gern in den Geruch eines 'Outsiders' kommen und weiß gar wohl, wo das Zentrum der Bewegung ist. Ich habe aber auch das Vertrauen, dass eigenverantwortliche Arbeit an der Peripherie doch stets dem Zentrum zugute kommen wird.

Einzelne Hinweise

Auf Schriften und Vorträge Rudolf Steiners wird nach den GA-Nummern (Gesamtausgabe im Rudolf Steiner Verlag, Dornach / Schweiz) verwiesen.

Zu Seite

6 *Zyklus über das Johannes-Evangelium, Hamburg 1908*: GA 103, Das Johannes-Evangelium.

6 *Zyklus über das Johannes-Evangelium, Kassel 1909*: GA 112, Das Johannes-Evangelium im Verhältnis zu den drei anderen Evangelien.

6 *Vortrag zu London, am 2. Mai 1913*: GA 152, Vorstufen zum Mysterium von Golgatha.

7 *meine Schrift „Deutschtum und Christentum in der Theosophie des Goetheanismus"*: Hamburg 1935, blieb damals unveröffentlicht. 1966 und (Zweitausgabe) 1995 im Verlag Fornasella, Besazio.

7 *Zyklus „Von Jesus zu Christus", Karlsruhe 1911*: GA 131.

8 *Vorträge zur Delegiertenversammlung in Stuttgart 1923*: GA 257, Anthroposophische Gemeinschaftsbildung, Zitat aus dem 6. Vortrag, 27. Februar 1923

8 *Deshalb ... möchte ich ein Wort richtig stellen*: A.a.O, 7. Vortrag, Stuttgart, 28. Februar 1923

11 *Vortrag vom 24. Dezember*: GA 260, Die Weihnachtstagung zur Begründung der Allgemeinen Anthroposophischen Gesellschaft 1923/24.

11 *Reinkarnation und Karma ...* : Zuerst erschienen in der Zeitschrift „Luzifer", 1903. Heute in GA 34, Luzifer-Gnosis.

15 *neun Vorträge Rudolf Steiners*: GA 233, Die Weltgeschichte in anthroposophischer Beleuchtung und als Grundlage der Erkenntnis des Menschengeistes.

18 *Die Mystik im Aufgange neuzeitlichen Geisteslebens und ihr Verhältnis zur modernen Weltanschauung*: zuerst 1901, GA 7.

21 *Haeckers Buch „Vergil, Vater des Abendlandes"*: 1931, sein bekanntestes Buch.

23 *Mein Lebensgang*: GA 28. Die Zitate stehen am Schluss des 12. und am Anfang des 13. Kapitels.

26 *Wiener Vortrage vom Jahre 1927*: Roman Boos, Vom Grundstein des Christentums. Nachschrift eines am 25. Januar 1927 im Wiener Zweig gehaltenen Vortrags. Selbstverlag, Münchenstein 1928.

29 *Dr. Rittelmeyer*: Friedrich Rittelmeyer (1872-1938), evangelischer Pfarrer, Theologe und Mitbegründer der „Christengemeinschaft". Erwähntes Buch: Theologie und Anthroposophie. Eine Einführung, Verlag der Christengemeinschaft, Stuttgart 1930.

30 *Und so müssen wir sagen*: GA 103, Das Johannes-Evangelium, 1. Vortrag, Hamburg 18. Mai 1908.

31 *Die Theosophie an Hand der Apokalypse*: Vortragszyklus in Nürnberg, 1908. Auch heute noch unter dem Titel „Die Apokalypse des Johannes" (GA 104).

32 *Grundlegendes zur Erweiterung der Heilkunde*: Heute „Grundlegendes für eine Erweiterung der Heilkunst nach geisteswissenschaftlichen Erkenntnissen" (GA 27).

33 *Es ist nicht der Zweck dieser für die Öffentlichkeit bestimmten Schrift*: Maßnahmen Ballmers zur Veröffentlichung sind nicht bekannt.

35 *Mensch und Tier*: Hermann Poppelbaum, Mensch und Tier: fünf Einblicke in ihren Wesensunterschied. Gestalt, Abkunft, Seele, Erlebnis, Schicksal. Basel (Rudolf Geering Verlag) 1928.

38 *Hamburger Johannes-Evangelium-Zyklus*: GA 103. Zitat aus dem 12. Vortrag, Hamburg, 31. Mai 1908.

41 *Zyklus „Von Jesus zu Christus"*: GA 131. Zitate: 3. Vortrag, Karlsruhe, 7. Oktober 1911.

42 *Die echten Sedemunds*: Berlin (Verlag Cassirer) 1920.

44 *in meiner Schrift...*: siehe Anmerkung zu S. 7.

56 *In dem Augenblicke, wo die Seele sich aufrafft ...*: s.o. (GA 131, dritter Vortrag).

56 *Martin Heidegger, Was ist Metaphysik?*: Bonn (F. Cohen) 1929.

56 *Kant hat den landläufigen Begriff des Erkennens angenommen*: Einleitungen zu Goethes Naturwissenschaftlichen Schriften, Bd. 2, Kapitel IX „Goethes Erkenntnistheorie" (GA 1).

57 *Einleitung zu Goethes Naturwissenschaftlichen Schriften*: 2. Band (1887), heute als GA 1. Zitat aus Kapitel IX „Goethes Erkenntnistheorie".

69 *Indem unsere Erkenntnistheorie …*: GA 1 (s.o.), Kapitel X „Wissen und Handeln im Lichte der Goetheschen Denkweise".

71 *Aenigmatisches aus Kunst und Wissenschaft*: Stuttgart (Der Kommende Tag AG) 1922.

72 *Es ist etwas ganz anderes …*: Grundlinien einer Erkenntnistheorie der Goetheschen Weltanschauung (GA 2), Kapitel F „Die Geisteswissenschaften", Abschnitt 17 „Einleitung: Geist und Natur".

77 *Ein Epilog*: Der Aufsatz hatte in beiden Varianten des Drucks (s.o.) keine Schlussposition; der Untertitel bezieht sich vermutlich inhaltlich auf ein Ende der Philosophie.

78 *Wenn wir ja im Sittlichen*: Aufsatz „Anschauende Urteilskraft".

79 *Erkenntnissystem Rudolf Steiner*: Vgl. Karl Ballmers Ausführungen in den von ihm herausgegebenen „Rudolf Steiner-Blättern", heute in: Das Ereignis Rudolf Steiner, Siegen (Edition LGC) 1995.

81 *des Verfassers „Rudolf Steiner-Blätter"*: siehe vorhergehende Anmerkung.

82 *Die Wissenschaften wurden erfunden*: Aristoteles, Metaphysik, Buch 1 Kap. 1, 981 b 20-24

89 *Diese große Täuschung*: In dem Aufsatz „Der Egoismus in der Philosophie", heute als „Der Individualismus in der Philosophie" in GA 30 „Methodische Grundlagen der Anthroposophie".

91 *Das Gewahrwerden der Idee …*: Bei Steiner, GA 1 (s.o.), Kapitel VI „Goethes Erkenntnis-Art": „Das Gewahrwerden der Idee in der Wirklichkeit ist die wahre Kommunion des Menschen."

92 *Es muss aus dem Menschen heraus die Welt gefunden werden*: Laut Ballmer aus einem unveröffentlichten Notizbuch Steiners (1923): „Man muss den Mut zum Anthropomorphismus bekommen – es muss aus dem Menschen heraus die Welt gefunden werden."

92 *in den Dornacher Pfingstvorträgen*: Drei Vorträge, 22. bis 24. Mai 1920 (GA 74).

97 *nihil in intellectu*: „nichts ist im Verstand, was nicht vorher in den Sinnen war", die Maxime des Sensualismus, von dem englischen Philosophen John Locke (1632-1704) formuliert, von Leibniz mit dem Zusatz *nisi intellectus ipse* („ausgenommen der Verstand selbst") versehen.

101 *Zyklus 19*: Von Jesus zu Christus (GA 131), siehe 6. Vortrag.

101 *Ludwig Kleeberg*: 1885-1972, Altphilologe, Zitat vermutlich aus: Wege und Worte – Erinnerungen an Rudolf Steiner aus Tagebüchern und Briefen, Basel 1928, Stuttgart 3. Aufl. 1990.

103 *Drei bekannte Volksbücher*: Hugo Dingler, Der Zusammenbruch der Wissenschaft und der Primat der Philosophie, München 1926; Oswald Spengler, Der Untergang des Abendlandes, Band 1 Wien 1918, Band 2 München 1922; Peter Wust: Die Auferstehung der Metaphysik, Leipzig 1920.

109 *Welt zur Welt*: Goethe im Gedicht „Mahomet".

109 *unterscheidet sich von dem Hegelschen metaphysischen absoluten Idealismus*: Wahrheit und Wissenschaft (GA 3), Einleitung.

Personenregister